开启
财富宝库

一本书看懂
多元化理财策略

陈伟岸 / 著

电子工业出版社
Publishing House of Electronics Industry
北京·BEIJING

内 容 简 介

随着城镇居民生活水平的提高，普通人的理财需求也在增加。然而，对于大多数人来说，理财仍然是门槛较高的事务。许多人只能通过摸索来总结经验和吸取教训，在自学过程中常常走弯路。因此，作者创作了本书，旨在帮助读者更有效地掌握理财技能。

本书以实战为基础，分为 8 章，涵盖银行理财、债券、基金、股票、黄金等主流理财领域。作者将内容整合成 5 个"宝库"，并结合角色演绎、顺口溜和打油诗等趣味元素，生动地阐释理财知识。此外，书中还分享了不同人群的理财攻略、全球投资大师的智慧，并解答了常见理财疑问。

本书适合理财新手和希望提升理财技能的人群阅读。

未经许可，不得以任何方式复制或抄袭本书之部分或全部内容。
版权所有，侵权必究。

图书在版编目（CIP）数据

开启财富宝库：一本书看懂多元化理财策略 / 陈伟岸著. -- 北京：电子工业出版社, 2024. 7. -- ISBN 978-7-121-48071-3

Ⅰ．F830.59-49

中国国家版本馆 CIP 数据核字第 20245L8V21 号

责任编辑：林瑞和
文字编辑：许　艳
印　　刷：河北鑫兆源印刷有限公司
装　　订：河北鑫兆源印刷有限公司
出版发行：电子工业出版社
　　　　　北京市海淀区万寿路 173 信箱　　邮编：100036
开　　本：720×1000　1/16　印张：14.75　字数：259.6 千字
版　　次：2024 年 7 月第 1 版
印　　次：2024 年 7 月第 1 次印刷
定　　价：59.00 元

凡所购买电子工业出版社图书有缺损问题，请向购买书店调换。若书店售缺，请与本社发行部联系，联系及邮购电话：(010) 88254888，88258888。

质量投诉请发邮件至 zlts@phei.com.cn，盗版侵权举报请发邮件至 dbqq@phei.com.cn。

本书咨询联系方式：faq@phei.com.cn。

前言

与没有理财认知相比，无效的理财认知给投资者带来的伤害更大！

"人永远赚不到认知范围以外的钱"，这是近几年的一句网络流行语。更进一步说，应该是"人永远赚不到有效认知范围以外的钱"，因为你的认知并非都是有效的，有正确的认知，也会有错误的认知或者无效认知。所以，想赚到当前的认知范围以外的钱，就必须不断拓展认知范围，而且拓展的必须是有效认知范围，这一点非常重要！

以投资者最熟悉的股市与楼市为例，如果你在2007年对股市与股票没有认知，自然会错过2007年大牛市的创富机会；如果你在2008年对楼市与房产投资没有认知，自然会与2008年楼市的低点失之交臂，错失投资机会；如果你一直没有认知，还会错过2015年股市与楼市的双牛市行情。

然而，即便有相应认知，也并非所有投资者都能在牛市赚到钱或赚钱后全身而退。既有在牛市赚不到钱的投资者，也有赚了钱却没有及时离场又亏进去，甚至搭上本金的投资者。这是因为这些人虽然意识到牛市是炒股的好时机，却缺乏把握进出场时机的有效认知。

比如，后知后觉，在牛市后期才进场，自然大概率成为郁闷的"接盘侠"。或者，在牛市的早期或中期进场，"浮盈"了，到牛市后期却仍舍不得止盈，依然幻想着"让利润飞",而等牛市见顶,前期的利润被回吐出来,"浮盈"变"浮云",甚至扭盈为亏。

如此种种皆是投资者缺乏有效理财认知所致,而且这样的现象在股市并不少见。对于见多识广的老股民来说,就算没有这样的亲身经历,也会认识有如此经历之人。

与没有理财认知相比,无效的理财认知带来的伤害更大。如果没有理财认知,最多只是让机会溜走,不会直接造成资金损失;而无效的理财认知却可能导致以错误的方式投资,非但没赚到钱,反而亏钱,伤害就这样产生了。

那么,要怎样拓展有效的理财认知范围呢?

最简单的方法就是学习"有营养"的理财知识与实用技巧,而不是"喝"那些看起来很带劲儿却没什么实际作用的"财商鸡汤",或是"激情满满"地学习"理财成功学"。对新手投资者来说,这一点尤为重要。

如果你本来就是一个热爱学习和阅读的人,则更适宜阅读投资理财相关的书籍,从书中直接学习相关的专业知识与技巧,从入门到进阶,逐步提升。不要沉迷于"财商鸡汤",更不要迷信"一夜暴富"的"理财成功学"。

打个比方,如果一个人从不阅读投资理财的专业书籍,而是沉迷于"财商鸡汤"或迷信"理财成功学",就好比刚到驾校的新手不学"科目一"的理论知识,而是直接观看 F1 大赛,学习赛车手的心得,看得自己心潮澎湃,热血沸腾,憧憬自己学会开车后要如何驰骋马路,幻想单手飙车如何"拉风"……实际上,这对于学习驾车并无实质性帮助。

这里强调新手不要沉迷于"财商鸡汤"与"理财成功学",原因很简单,就如常见的理财格言所说:"过往业绩不代表其未来表现。"他人过往的投资业绩不足以作为预测其未来投资表现的依据,更不能保证我们未来投资成功。所以,踏踏实实地学习专业知识与技巧,学到真功夫,才能靠自己的能力与实力创造未来。

有的投资者会说:"不是我不愿意学专业知识,而是我实在看不懂、学不来啊。"的确,无论是理财方面还是其他领域的专业书籍,一般都比较晦涩难懂,读起来确实会有"食之无味"之感，即便是有专业背景的人，刚开始阅读时也未必能快速适应，更不用说非专业的人了。

其实，我身边的亲朋好友与粉丝也有同样的烦恼。我内心早已萌生创作一本通俗易懂又不失专业性的"轻专业"理财图书的想法。时至缘到，我在不惑之年结识了电子工业出版社的林瑞和老师，与之一拍即合，正式开启码字著书之路。

本书立足实战，内容涵盖银行理财、债券、基金、股票、黄金等适合大众的主流理财领域，分享理财必备的有营养的知识干货与实用技巧。

以第3章"股票宝库：成长与风险并存"为例，这一章既介绍了技术分析流派的技术战法，也介绍了价值投资流派的价值攻略，有助于投资者"双剑合璧"，先运用价值攻略筛选优质的上市公司股票，再运用技术战法确定布局时机，将二者结合，相得益彰。

本书还介绍了全球顶级投资大师的投资智慧、投资法则、不同人群的理财攻略等内容。掌握这些内容，除了能拓展有效理财认知的范围，还能觅得适合自己的理财方法，开启自己的财富宝库，畅享理财带来的快乐与成果。

在创作本书的过程中，出于法学生的"情怀"，我查阅了与银行业务、债券、股票、基金等内容相关的法律法规、管理办法、官方公告等权威资料，因此书中提到的专业术语、理论概念、历史背景等内容均以这些权威资料为依据。

对于"杰克侃财"的粉丝来说，本书或许会让人感到似曾相识，因为它包含我在今日头条、百家号、抖音、微博等创作平台的"杰克侃财"账号发布的内容。在撰写本书时，我对这些内容进行了重新整理和深入阐释，旨在为读者提供更佳的阅读体验。

正如广东俗语所说，"力不到，不为财"，只有真正付出努力，才有更大的可能实现理财预期。不要幻想凭运气就能"躺赢""躺赚"。即便凭一时的运气赚到了钱，也可能会因为实力不足而亏出去。所以，投入时间和精力脚踏实地学习理财知识，提升理财技能，才是确保财富增长的可靠途径。

在此，感谢家人与亲友，感谢电子工业出版社的林瑞和老师、许艳老师、吴海燕老师及编审团队，感谢对本书的创作提供过无私帮助与灵感的林春容老师、黄思斌律师、王晓君律师、惠杨先生、黄如炯先生、梁亮先生、陈辰先生、周广辉先生、李伟先生、林崇先生、苏乐女士、张燚女士。感谢在今日头条、百度、抖音、微博等平台结识的宋健先生、汪淼女士、范晋帅女士、林园淳女士、柴伟航先生、王晶女士、华尼女士、葛瑶女士、刘爽女士。感谢以下财经博客："生哥理财""蒋昊商业观""鑫财经""侃见财经""财经女知事""侯哥财经""暖心财经说""财经奥迪特"。感谢因缘际会的人与事，祝愿大家平安健康，富足喜乐，六时吉祥。

由于个人水平有限，本书内容如有纰漏，希望社会各界朋友理解，及时批评指正，不胜感激。最后温馨提示：本书所提供的信息旨在促进交流与探讨，不构成任何具体建议，投资有风险，入市需谨慎。

目录

第1章 银行宝库：打好理财根基 1

    1.1 都在银行存钱，可真的都懂银行利率吗 2

        1.1.1 银行 3

        1.1.2 基准利率 4

        1.1.3 浮动利率 5

        1.1.4 挂牌利率 5

    1.2 别只会在银行存钱，这三种方式收益率更高 6

        1.2.1 大额存单 7

        1.2.2 通知存款 9

        1.2.3 结构性存款 10

    1.3 存款保险最多赔付 50 万元，怎样存钱才更安全 12

        1.3.1 选择对的银行 15

        1.3.2 采用对的方式 15

第2章 债券宝库：稳健增值的选择 18

    2.1 有一种国债类型已退出历史舞台，你知道是哪种吗 19

        2.1.1 无记名国债 19

        2.1.2 凭证式国债 20

开启财富宝库
一本书看懂多元化理财策略

    2.1.3 记账式国债 22
    2.1.4 储蓄国债（电子式）................................. 23
  2.2 为什么说我国国债是"稳稳的幸福" 25
    2.2.1 信用佳：国债背靠国家信用 25
    2.2.2 风险小：国债是风险最小的债券 25
    2.2.3 收益稳：国债具有稳健收益 26
    2.2.4 流动性强：国债具有较强的流动性 26
    2.2.5 门槛低：国债具有较低的参与门槛 26
    2.2.6 免征税：国债具有免税优惠政策 26
  2.3 除了国债，这三种债券你也该了解，尤其是第三种 27
    2.3.1 金融债券 27
    2.3.2 地方政府债券 28
    2.3.3 可转换债券 29
  2.4 别以为债券只适合叔叔阿姨，这种债券交易对年轻人来说
    也很"香" 31

第3章 股票宝库：成长与风险并存 34

  3.1 想要股票炒得好，这些常识与术语得明了 35
    3.1.1 A股 35
    3.1.2 A股的证券交易所 36
    3.1.3 A股的开市时间 37
    3.1.4 A股的交易机制 37
    3.1.5 A股的股票价格指数 40
    3.1.6 A股的板块 42
    3.1.7 常见的股票"标签" 44
    3.1.8 必懂的股票术语 48
  3.2 掌握股市的三大行情密码，乐呵呵吃香喝辣 56
    3.2.1 牛市行情 56

    3.2.2 熊市行情 58
    3.2.3 震荡市行情 59
3.3 看懂K线图，掌握六大利器，快速甄别股票牛熊 60
    3.3.1 均线 61
    3.3.2 成交量 64
    3.3.3 MACD指标 68
    3.3.4 KDJ指标 70
    3.3.5 换手率 73
    3.3.6 量比 74
3.4 从业绩到估值：高效筛选股票的十大核心财务指标 76
    3.4.1 "一商"：商誉 77
    3.4.2 "二利"：归母净利润与扣非净利润 79
    3.4.3 "三每"：每股收益、每股净资产与每股未分配利润 84
    3.4.4 "四率"：市盈率、市净率、毛利率与净资产收益率 87
3.5 能不能成为牛股，这两大"牛股驱动力"是关键 91
    3.5.1 基本面利好驱动力 91
    3.5.2 题材利好驱动力 93
3.6 看懂控盘资金的控盘习惯，快速辨别股票有无涨停潜力 94

第4章 基金宝库：资产多样化配置的利器 98

4.1 要投"基"，先打好这些常识基础 99
    4.1.1 基金管理人 99
    4.1.2 基金托管人 100
    4.1.3 基金分类 101
    4.1.4 基金净值 115
4.2 基金名称后缀带"A"与带"C"，究竟有什么区别 116
    4.2.1 销售服务费 116
    4.2.2 申购费与认购费 117

开启财富宝库
一本书看懂多元化理财策略

  4.2.3 基金赎回费 117
  4.2.4 基金运作费 118
 4.3 选"网红基金经理",就能万事大吉吗 120
 4.4 虽然基金适合长期定投,但是这种基金做短线交易也很爽 122
 4.5 买基金,别"基"不择食,更忌日理万"基" 126
  4.5.1 普涨状态 128
  4.5.2 普跌状态 129
  4.5.3 结构性状态 129
 4.6 买这种基金,千万别忽视上市公司的财报情况 130
 4.7 投资这类基金既可能赚几十倍,也可能"颗粒无收",
   究竟是啥情况 132

第5章 其他宝库:以小博大的挑战 135

 5.1 能以小博大的商品期货投资,到底难不难 136
  5.1.1 期货交易具有固定的合法场所 136
  5.1.2 期货交易具有标准化合约 137
  5.1.3 期货交易采用保证金交易制度 137
  5.1.4 期货交易采用 T+0 双向交易机制 138
  5.1.5 期货交易采用统一结算模式与当日无负债结算制度 138
  5.1.6 期货交易具有到期日 139
  5.1.7 期货交易的交割定点化 139
  5.1.8 揭开商品期货的"面纱" 139
 5.2 用好股市风险对冲利器,股市下跌不用愁 146
  5.2.1 同金融市场对冲 146
  5.2.2 跨金融市场对冲 147
 5.3 期权和期货,名字都带"期",二者有什么不同 150
 5.4 "盛世古董,乱世黄金",黄金究竟好在哪里 156
  5.4.1 黄金是全世界公认的最核心的避险资产与储备资产 156

- 5.4.2 黄金是具有广泛流通性的"硬通货" 157
- 5.4.3 黄金是具有保值特性的稀有贵金属 157
- 5.4.4 黄金是具有稳健增值潜力的优质投资品种 157

第6章 投资法则：聪明理财的黄金准则 163

- 6.1 赢在顺势而为，败在盲目跟风 164
  - 6.1.1 顺势而为能最大程度降低投资的决策风险 164
  - 6.1.2 顺势而为有较大概率获得高收益 164
  - 6.1.3 顺势而为能有效发挥投资资金的时间价值 165
  - 6.1.4 顺势而为有助于保持良好的投资心态 165
- 6.2 看懂经济周期，选对理财工具，才能与时间做朋友 169
  - 6.2.1 经济繁荣期 170
  - 6.2.2 经济衰退期 170
  - 6.2.3 经济萧条期 171
  - 6.2.4 经济复苏期 171
- 6.3 别把鸡蛋放进同一只篮子里：组合投资的五大优势不可不知 172
  - 6.3.1 把鸡蛋放进不同的篮子里，避免投资单一化 173
  - 6.3.2 "东边不亮西边亮"，降低投资组合的整体风险 173
  - 6.3.3 在资金保值的前提下，实现稳健增值 174
  - 6.3.4 灵活满足个人需求 174
  - 6.3.5 获得不同资产投资的知识与技巧 174
- 6.4 懂赚钱，更要会守住钱，避免"财来财去一场空" 175
  - 6.4.1 合理规划资金用途 175
  - 6.4.2 应对预期之外的突发状况 176
  - 6.4.3 提升自身的财务管理综合素养 176
  - 6.4.4 实现个人追求或生活目标 176
- 6.5 "因人制宜"：十类人群的理财攻略 179
  - 6.5.1 青少年 179

XI

- 6.5.2 初入职场的年轻人 ... 180
- 6.5.3 中高收入的工薪人群 ... 180
- 6.5.4 高净值人群 ... 180
- 6.5.5 自由职业者 ... 181
- 6.5.6 创业者 ... 181
- 6.5.7 单身人群 ... 182
- 6.5.8 刚成家的小夫妻 ... 182
- 6.5.9 "宝爸""宝妈"人群 ... 182
- 6.5.10 退休人群 ... 183

第7章 大师智慧：顶级投资大师的独门赚钱法 ... 184

- 7.1 从"股神"到世界首富：沃伦·巴菲特的投资诀窍 ... 185
  - 7.1.1 沃伦·巴菲特与众不同的成长之路 ... 185
  - 7.1.2 沃伦·巴菲特两度登顶福布斯全球富豪榜 ... 186
  - 7.1.3 伯克希尔·哈撒韦的股价为何如此高 ... 187
  - 7.1.4 沃伦·巴菲特的投资诀窍 ... 188
- 7.2 从高尔夫球童到顶级基金经理：彼得·林奇的励志传奇 ... 191
  - 7.2.1 彼得·林奇的不凡经历 ... 191
  - 7.2.2 "不在乎天长地久，只在乎曾经拥有" ... 192
  - 7.2.3 彼得·林奇"出奇"的成功之道 ... 193
  - 7.2.4 "别人笑我太疯癫，我笑他人看不穿" ... 194
- 7.3 从名校学霸到"大宗商品投资之王"：吉姆·罗杰斯的赢家秘籍 ... 195
  - 7.3.1 从美国的耶鲁大学到英国的牛津大学 ... 195
  - 7.3.2 从"量子基金"联合创始人到独立投资人 ... 196
  - 7.3.3 "读万卷书，不如行万里路"，环球旅行两度被载入《吉尼斯世界纪录大全》 ... 197
  - 7.3.4 吉姆·罗杰斯的成功秘诀 ... 198

目录

- 7.4 从数学老师到"量化之王":吉姆·西蒙斯的跨界奥秘 200
  - 7.4.1 吉姆·西蒙斯与数学的不解之缘 200
  - 7.4.2 吉姆·西蒙斯的量化投资征程:从学术界到投资界 201
  - 7.4.3 吉姆·西蒙斯的三大启示 202
- 7.5 "蓝筹股息女王"杰拉尔丁·韦斯:华尔街的女性传奇 204
  - 7.5.1 从遭受性别歧视到成为"股息贵妇人"与"蓝筹股息女王" 204
  - 7.5.2 杰拉尔丁·韦斯的选股模型 205

第8章 理财问答:避免迷迷糊糊理财 207

- 8.1 利率一降再降,还有必要继续在银行存钱吗 208
  - 8.1.1 钱存银行比放家里更安全 208
  - 8.1.2 银行账户的使用既方便又快捷 209
  - 8.1.3 银行账户是移动支付工具的必备媒介 209
  - 8.1.4 存款越多,贷款额度越高 209
  - 8.1.5 投资理财需要有银行资金托管账户 209
  - 8.1.6 银行存款利息聊胜于无 210
- 8.2 刚开始理财,每天定投50元基金,有意义吗 210
  - 8.2.1 培养财务规划意识,养成理性的投资习惯 210
  - 8.2.2 定投有助于降低行情波动的负面影响 211
  - 8.2.3 小额定投同样能实现积少成多的储蓄效果 211
- 8.3 买了20万元基金,却遇到净值大跌,本金会全部亏完吗 212
- 8.4 为什么有些公司业绩优秀,股价却不涨 214
  - 8.4.1 股市整体行情 215
  - 8.4.2 股票所属行业板块及题材概念 215
  - 8.4.3 投资者对股票的预期 216
  - 8.4.4 股票交投情况 216
- 8.5 不想上班,用100万元存款专职炒股,可行吗 217

8.5.1　炒股所得并非稳定收入 ………………………………………… 217
　　8.5.2　专职炒股应具备必要的知识和技能 ……………………………… 218
　　8.5.3　专职炒股须有过人的心理素质、过硬的执行纪律 ……… 218

后记 ……………………………………………………………………… 220

第1章

银行宝库:打好理财根基

1.1 都在银行存钱，可真的都懂银行利率吗

俗话说得好："家中有粮，心中不慌。"在过去，这句话意在敦促人们多储粮，以免落到无粮可吃的窘迫境地。如今，这句话依然告诫着人们不能缺乏积谷防饥的忧患意识，不同的是重点从储粮变成了存钱。

毫不夸张地说，在这个星球之上，我国是最热衷于存钱的国度，没有之一。无论在中国大地的哪个地方，每个人的家里几乎都有"同款家教"，那就是父母或其他长辈不仅自己一有闲钱就存到银行，而且还会教育晚辈不能乱花钱，能省则省，省下来的钱都存入银行。我国民众之所以热衷存钱，最核心的原因是钱存入银行，我们能吃利息！

其实，按现在的说法，老一辈人热衷在银行存钱吃利息的行为是用钱生钱的"躺赚"思维，比把钱放在家中衣柜的暗格里强太多了。毕竟就算把钱放在家里几十年，也不会多生出来一分钱，而存入银行，则存一天就能吃一天的利息，存一年就能吃一年的利息。

话说回来，虽然绝大多数人都知道把钱存入银行能吃利息，但是并不一定都知道银行的利息是怎么定的，利息的高低是谁决定的。

看到这里，估计有人很不解："我只管存钱就好了，管利息咋定的干啥？"乍一听，这话好像很有道理，但仔细一想，却不太合情理，因为不同银行会有不同的利息水平，如果不懂这里面的逻辑的话，就难以发挥存钱的最大功用。此外，清楚银行利息的逻辑，通过利息的高低，就能掌握当下的理财脉络及判断未来的理财趋势。

简而言之，弄清楚银行利息的逻辑有百益无一害。粗俗地说，就是咱别跟钱过不去。

1.1.1 银行

在弄清楚银行利息的逻辑之前,得先认识银行。看到这里,估计又有朋友忍不住要"吐槽"了:"大街上随处都能看见银行,谁不知道啊,还要认识啥?"诚然,现在满大街都有银行,不过,这满大街的银行也大有门道。就跟人一样,满大街都是人,却不能说人和人都是一样的,而是每个人都有个性化差异。银行同样如此,有规模大小的区别,也有权责和职能的不同。

从职能的角度来看,银行主要分为两大类:一类是中央银行,简称为"央行";另一类是中央银行之外的其他银行。在我国境内,中央银行之外的其他银行主要包括六大类,分别是国有政策性银行、国有商业银行、股份制商业银行、城市商业银行、农村商业银行以及外资银行。这里并没有把俗称"投行"的投资银行与其他非银行的金融机构列在内,因为我们主要探讨专业银行。

可见,我国的银行类型主要是"1+6"模式,即"1家中央银行+6类其他银行",为了方便大家快速理解,我将"1+6"银行类型整理为表格,如表1-1所示。

表1-1 "1+6"银行类型

序号	银行类型	银行名称
1	中央银行	中国人民银行
2	国有政策性银行	国家开发银行、中国进出口银行、中国农业发展银行
3	国有商业银行	中国工商银行、中国银行、中国建设银行、中国农业银行 中国邮政储蓄银行、交通银行
4	股份制商业银行	招商银行、华夏银行、中信银行、兴业银行、浦发银行、光大银行、民生银行、广发银行、平安银行、浙商银行等
5	城市商业银行	北京银行、上海银行、南京银行、杭州银行、宁波银行等
6	农村商业银行	北京农商银行、上海农商银行、广州农商银行、深圳农商银行等
7	外资银行	汇丰银行、东亚银行、恒生银行、渣打银行、星展银行等

其中,与老百姓理财需求相匹配的银行只有5类,分别是国有商业银行、股份制商业银行、城市商业银行、农村商业银行及外资银行。这是因为央行与国有政策性银行都不办理个人存贷款业务或其他个人理财业务。

1.1.2 基准利率

虽然央行不办理个人存贷款或个人理财业务，但是央行却能决定老百姓在银行存钱的利息的高低。这里先简单介绍一下：利息的高低是由"利息率"决定的，而"利息率"就是日常所说的"利率"的全称。通常，央行会根据货币政策的需要以及市场利率的情况制定基准利率。

我们需要弄明白的第一个银行利率便是基准利率。简单来说，基准利率是对其他银行的存款或贷款利率具有指导性或参照性的利率。换言之，其他银行的存贷款利率得参照央行的基准利率制定，不能乱来。

一般而言，调整基准利率是央行最常用的货币政策工具之一。对基准利率的调整，主要有三种情况：一是维持，二是上调，三是下调。下调利率俗称"降息"，上调利率则是"加息"。

尽管调整基准利率是央行的常用货币政策工具之一，却并不表示央行真的会经常用。换言之，对于调整基准利率这个工具，如非必要，央行基本不会用。这是为什么呢？

因为调整基准利率具有"定调"与"改调"的作用，对货币政策的走向具有重大影响。那么，何为"定调"与"改调"呢？这就好比作一首钢琴曲，是用C大调，还是G小调，最终的决定就是"定调"；而原本是C大调，基于创作需要改成G小调，这就是"改调"，在改调之后，这首钢琴曲听起来和原来的就不太一样了。

值得一提的是，前面说通过利息的高低掌握当下的理财脉络及判断未来的理财趋势，就是指通过基准利率的变化来掌握和判断的。例如，基准利率对比前期下调，即降息了，说明央行旨在通过降息来提高货币流动性，而提高货币流动性的目的则是为了鼓励投资和消费，进而起到刺激经济发展的作用。毕竟经济发展需要让钱动起来、活跃起来，而不是在银行账户里一动不动。

那么，下调基准利率是怎样提高货币流动性的？

简单而言，基准利率下调，存款利率就降低了，本来要把钱存到银行的民众，看到存款利率降低，利息变少了，存钱的意愿就会相应减弱。这样一来，存入银行的资金规模就会有所下降。

与此同时，基准利率下调，贷款利率也会降低，到银行借钱的民众的比例就会相对提高，银行借出去的钱就成为社会可流通资金。一来二去，社会可流通资金的量就变多了，进而实现提高货币流动性的目的。

基于此，降息被形象地比喻为"放水"，是有利于投资与消费的利好举措。从投资的角度来看，降息透露了一个关键信息，那就是别只在银行存钱，也可以拿钱做其他投资。

1.1.3 浮动利率

央行制定的基准利率，其他银行要参照执行。不过这并不代表其他银行的存贷款利率要"照搬"基准利率，而是可以有所不同；也不代表所有其他银行的存贷款利率要千篇一律，而是可以各有千秋。

换言之，在央行制定的基准利率范围内，其他银行可以根据市场的变化与自身经营需求相应调整利率的高低。换言之，这个利率是浮动的，被称为"浮动利率"。浮动利率也是我们需要明白的第二个银行利率。

浮动利率主要包括两种情况。一种是相对基准利率有所上浮。既然有上浮，就会有下浮，这也是浮动利率的另一种情况，即相对基准利率有所下浮。

总的来说，央行制定基准利率，其他银行在规则范围内采用浮动利率。

1.1.4 挂牌利率

在央行制定基准利率之后，其他银行结合自身实际情况确定的在其营业点或官方网站等官方渠道公布的利率，称为"挂牌利率"。这是我们需要明白的第三个银行利率。

在现实中，不同银行的挂牌利率不尽相同，但并非无迹可寻。通常来说，同类型商业银行的挂牌利率较为接近。比如，国有商业银行相互之间的挂牌利率水平接近。此外，城市商业银行的挂牌利率普遍高于国有商业银行、股份制商业银行等其他类型银行的挂牌利率。

综上所述，从理财收益最大化的角度来说，对于定期存款，可以优先选择定期存款收益相对更高的国内城市商业银行，或者选择自己所在城市的城市商业银行。

假设银行业整体挂牌利率呈下降趋势，这一信号不仅反映了银行基于经营需求而做的调整，也暗示经济发展需要更多资金流动和活跃起来，鼓励资金投入市场而不是闲置于银行。从投资理财的角度来分析，这种现象可能表明当前经济景气度不高，因此在理财时更适宜采取偏防御的策略，或者选择具有防御属性的理财工具，又或者投资逆周期行业的标的。

1.2 别只会在银行存钱，这三种方式收益率更高

如今银行网点的覆盖率越来越高，无论是在城市还是在乡镇，都能看到不同银行的网点。在日常生活中，很多人都去银行网点办过业务。不过，进入互联网时代后，很多银行业务都能通过银行的网上银行或App等线上方式完成，不用非得到线下的网点办理。对上班族来说，甚至存钱都无须去银行网点办理。很多企事业单位都采用线上方式发工资，直接发到职工或员工的银行账户，极少发现金。如果工资卡就是用于存钱的银行卡，那么收到工资后，连跨行转账的步骤都省了。账户收到工资后，无须任何操作就会被默认转为活期存款；若要改为定期存款，在电脑或者手机上就能修改，相当方便。

话说回来，虽然如今在银行存钱很方便，但是不少投资者对在银行存钱的认知依旧停留在过去只有两种存款方式的阶段：要么是活期存款，要么就是定期存款。其实，社会在进步，科技在发展，银行的业务模式也在不断变化。如今，除了活期存款与定

第1章
银行宝库：打好理财根基

期存款，还有三种可"存钱"的方式——大额存单、通知存款和结构性存款。

1.2.1 大额存单

大额存单的英文名称为 Certificates of Deposit（CD）。我国境内银行业的大额存单业务历史开启于 2015 年 6 月 2 日中国人民银行颁布施行的《大额存单管理暂行办法》。

《大额存单管理暂行办法》第二条规定："大额存单是指由银行业存款类金融机构面向非金融机构投资人发行的、以人民币计价的记账式大额存款凭证，是银行存款类金融产品，属于一般性存款。"

2015 年 6 月 15 日，我国首批大额存单正式发行，参与首批大额存单发行的银行共有 9 家。值得一提的是，这 9 家银行均为 2013 年 9 月 24 日成立的"市场利率定价自律机制"核心成员机构，包括 5 家国有商业银行与 4 家股份制商业银行。其中，5 家国有商业银行分别是中国工商银行、中国银行、中国建设银行、中国农业银行、交通银行，4 家股份制商业银行分别是招商银行、中信银行、浦发银行、兴业银行。

1. 大额存单的"大额"究竟是多大

《大额存单管理暂行办法》第六条规定："个人投资人认购大额存单起点金额不低于 30 万元。"换言之，至少得有 30 万元才能在银行"存"大额存单。在我国银行正式发行大额存单之后，结合利率市场化推进进程和金融市场发展情况，央行将大额存单的起点金额调整至 20 万元。

2. 大额存单的"存"是什么意思

由于大额存单是指由银行业存款类金融机构面向非金融机构投资人发行的、以人民币计价的记账式大额存款凭证，是银行存款类金融产品，属一般性存款，因此大额存单的"存"指的是"一般性存款"。

人们通常最熟悉的银行活期存款和定期存款均属于典型的一般性存款。既然大额

7

存单也属于"一般性存款"，那么，它就具备一般性存款的重要属性——保本。换言之，活期存款和定期存款能保本，大额存单同样能保本。

3. 大额存单的利率高于定期存款利率

《大额存单管理暂行办法》第七条规定："大额存单发行利率以市场化方式确定。固定利率存单采用票面年化收益率的形式计息，浮动利率存单以上海银行间同业拆借利率（Shibor）为浮动利率基准计息。"由此可见，首批发行大额存单的银行均为"市场利率定价自律机制"的核心成员机构，更便于大额存单发行利率市场化。

按照发行利率的不同方式，大额存单分为两种类型：第一种是固定利率存单，采用票面年化收益率的形式计息；第二种是浮动利率存单，以 Shibor（Shanghai Interbank Offered Rate，上海银行间同业拆借利率）为浮动利率基准计息。

在现实中，商业银行的大额存单利率普遍高于同期限的定期存款利率。从理财利益最大化的角度，假设你有 20 万元以上的资金，想要获得更多收益，就可以选择大额存单。在确定购买之前，先确认是固定利率存单，还是浮动利率存单，以便弄清楚计息方式。

除了利率高于定期存款的优势，大额存单还有以下四大特点。

1. 期限比定期存款更多样

大额存单的期限主要有 7 种，分别是 1 个月、3 个月、6 个月、1 年、2 年、3 年和 5 年；而定期存款的期限主要有 6 种，分别是 3 个月、6 个月、1 年、2 年、3 年和 5 年。大额存单比定期存款多了一种期限，那就是更短的"1 个月"，能更灵活地适应短期理财需求。

2. 采用电子化方式发行

大额存单采用电子化方式发行，每期大额存单都有唯一的编号和名字，需要实名购买。在购买之后，购买人可以通过银行的网上银行或 App 等线上方式查询或管理大额存单。

3. 可转让

根据《大额存单管理暂行办法》第八条，大额存单的转让可以通过第三方平台开展，转让范围限于非金融机构投资人。对于通过发行人营业网点、电子银行等自有渠道发行的大额存单，可以根据发行条款通过自有渠道办理提前支取和赎回。在实践中，除了第三方平台，还可以通过大额存单发行银行的转让渠道转让未到期的大额存单。

4. 可办理质押业务

《大额存单管理暂行办法》第十条规定："大额存单可以用于办理质押业务，包括但不限于质押贷款、质押融资等。应大额存单持有人要求，对通过发行人营业网点、电子银行等自有渠道发行的大额存单，发行人应当为其开立大额存单持有证明；对通过第三方平台发行的大额存单，上海清算所应当为其开立大额存单持有证明。"其中，上海清算所是指由中国外汇交易中心、中央国债登记结算有限责任公司、中国印钞造币总公司（现为"中国印钞造币集团有限公司"）、中国金币总公司（现为"中国金币集团有限公司"）四家单位共同发起设立的"银行间市场清算所股份有限公司"。

总结一下，对于拥有20万元乃至30万元以上资金的人来说，若是在定期存款与大额存单之间选择的话，可以优先考虑同期限的大额存单。当然，如果这并非单选题，而是多选题，则可以用一部分资金配置定期存款，另一部分资金配置大额存单。另外，除了在同一家银行配置资金之外，在不同的银行配置资金会有更高的安全系数。

1.2.2 通知存款

通知存款中的"通知"，意思是到银行存钱时要通知银行吗？非也。这里的"通知"指的是在银行存了通知存款之后，取钱时必须提前通知银行。

根据中国人民银行发布的《存款统计分类及编码标准（试行）》，通知存款是指"存款人在金融机构开立账户存入资金或货币，由金融机构出具存款凭证，办理不约定存期，支取时需提前一定时间通知金融机构，约定支取日期和金额的存款"。

总的来说，通知存款具有以下四个特点。

1. 不约定存期

定期存款具有 6 种期限，大额存单具有 7 种期限，通知存款则不约定存期，没有固定的期限。

2. 支取时需提前通知

尽管通知存款不约定存期，但在支取时却要提前一定时间通知银行，并需要与银行约定好支取的具体日期和具体金额。其中，"一定时间"主要包括两种类型，分别是提前 1 天和提前 7 天。相应地，通知存款主要分为一天通知存款和七天通知存款。

通知的期限自通知之日起计算。换言之，一天通知存款要在通知日的第 2 日去银行取钱，七天通知存款则要在通知日的第 8 日去银行取钱。

打个比方，比如 2023 年 12 月 19 日是通知日，一天通知存款可以在 12 月 20 日到银行支取，七天通知存款则要在 12 月 27 日到银行支取。

3. 灵活度更高

对于追求资金灵活度的人来说，无论是一天通知存款，还是七天通知存款，其灵活度都要高于定期存款与大额存单。即便是最短期限的大额存单也有 1 个月，还是长于 7 天。

4. 资金门槛低于大额存单

在实践中，通知存款的资金门槛是 5 万元。对于拥有在 5 万元以上的资金，但又达不到大额存单的资金门槛，并且不希望存款期限太长的人来说，选择通知存款就很合适。此外，七天通知存款的利率普遍高于一天通知存款的利率。

1.2.3 结构性存款

"结构性存款"这五个字，大家应该都认识，不过它们组合在一起究竟是什么意思，估计就有人犯迷糊了。

第 1 章
银行宝库：打好理财根基

根据中国银保监会①发布的《关于进一步规范商业银行结构性存款业务的通知》的相关规定，结构性存款是指商业银行吸收的嵌入金融衍生产品的存款，通过与利率、汇率、指数等的波动挂钩或者与某实体的信用情况挂钩，使存款人在承担一定风险的基础上获得相应的收益。

综合来说，结构性存款具有以下四个特点。

1. 结构性存款不同于一般性存款

虽然名字中带有"存款"二字，但结构性存款与一般性存款并不相同，因为存款人需要承担一定风险才能获得相应的收益。因此，若不愿意承担风险，选择定期存款、大额存单与通知存款更为适宜。

2. 结构性存款嵌入金融衍生产品

简单来说，结构性存款的"结构"是"1+X"模式，"1"指的是基础存款，主要包括两种类型，一种是人民币存款，另一种是可自由兑换的美元、欧元、英镑等外币存款；"X"指的是嵌入的金融衍生产品。换言之，结构性存款的"结构"是"基础存款+金融衍生产品"的模式。

对非金融科班出身的读者而言，"金融衍生产品"这个词比较难懂。这里我简单科普一下。关键词是"衍生"，有个成语叫作"繁衍生息"，人类繁衍后代就属于繁衍生息的现象之一。因此，由金融原生资产"繁衍"出来的就是金融衍生产品，把金融原生资产比喻为母亲，那么金融衍生产品便是孩子。

金融原生资产主要包括利率、货币、股票、股票指数、商品等。需要注意的是，这里说的"商品"，并非日常在商场或电商平台买卖的商品，而是指黄金、原油、农产品等在交易所上市交易的商品。金融衍生产品主要包括远期、期货、期权和掉期等四种形态。

---

① 中国银保监会在 2023 年国务院机构改革中被撤销并调整为国家金融监督管理总局。

常见的金融原生资产与相应的金融衍生产品如表 1-2 所示。

表 1-2　金融原生资产与金融衍生产品

序号	金融原生资产	金融衍生产品
1	利率	利率远期、利率期货、利率期权、利率掉期合约等
2	货币	货币远期、货币期货、货币期权、货币掉期合约等
3	股票	股票期货、股票期权合约等
4	股票指数	股票指数期货、股票指数期权合约等
5	商品	商品远期、商品期货、商品期权、商品掉期合约等

3. 结构性存款的资金门槛低于大额存单

结构性存款的资金门槛一般是 1 万元或 5 万元，比大额存单 20 万元或 30 万元的资金门槛要低不少，适合手头资金达不到大额存单门槛，但又有少量闲钱的人。

4. 结构性存款的到期收益并不固定

结构性存款的"结构"是"基础存款+金融衍生产品"的模式，因此最终的收益即"到期收益"也是由两部分组成的，即基础存款的保底收益与金融衍生产品触达的浮动收益。

结构性存款的到期收益=基础存款保底收益+金融衍生产品触达的浮动收益

简而言之，结构性存款的到期收益并不固定，因此不适合追求固定收益的存款人，更适合愿意承担一定风险的存款人。但是即便愿意承担一定风险，仍须对嵌入的金融衍生产品有相应的认知，才能选对结构性存款。

1.3　存款保险最多赔付 50 万元，怎样存钱才更安全

正如《史记·货殖列传》所云"天下熙熙，皆为利来；天下攘攘，皆为利往"，在银行存钱想获得更多收益是再正常不过的心态。投资者自然要追逐理财之"利"。

第 1 章
银行宝库：打好理财根基

不过，我们不能只想着逐利，而忽视了资金的安全。就算是把钱存在银行，也应当把安全放在第一位，因为银行同样会有"关张"的风险。放眼全球，在英美等发达国家，银行倒闭的现象并不罕见。

1995 年 2 月，英国央行英格兰银行（Bank of England）宣布，创建于 1763 年的巴林银行（Barings Bank）因经营失误而倒闭。

2023 年 3 月，美国加州金融保护和创新部（The Department of Financial Protection and Innovation，DFPI）宣布关闭成立于 1983 年的硅谷银行（Silicon Valley Bank）。

2023 年 5 月，创办于 1985 年的第一共和银行（First Republic Bank）被美国加州金融保护和创新部宣布关闭，并由美国联邦存款保险公司（Federal Deposit Insurance Corporation，FDIC）接管。

看了上述例子，估计有些读者才认识到存款安全的重要性。即便一向被认为风险极低的银行存款也并非"零风险"，因为银行同样有倒闭的可能。所以，在银行存钱也不能忽视安全性，在确保资金安全的前提下，再追逐收益最大化，方为明智之举。

值得一提的是，为了建立和规范存款保险制度，依法保护存款人的合法权益，及时防范和化解金融风险，我国从 2015 年 5 月 1 日起就实施了《存款保险条例》。其中规定，存款保险的保费由投保银行缴纳，而无须存款人承担；另外，投保银行必须在银行网点的门口、柜台等显眼位置展示"存款保险"标识。

既然是保险，就会涉及偿付相关的事项，存款保险同样如此。根据《存款保险条例》第五条，"存款保险实行限额偿付，最高偿付限额为人民币 50 万元"，那么超过 50 万元的是不是就不偿付了呢？答案显然是否定的。

"最高偿付限额为人民币 50 万元"，意思是如果同一存款人在同一家银行的存款本金和利息合并计算的金额在 50 万元以内，由保险公司全额偿付。

举例来说，假设阿珍在已投存款保险的 A 银行存了 40 万元整存整取的三年期定期存款，年利率为 2.25%，存满三年后，阿珍可以获得的利息是 $400,000 \times 2.25\% \times 3 = 27,000$ 元，加上本金是 $400,000+27,000=427,000$ 元。

好巧不巧，就在阿珍存满三年时，A 银行因为经营不善而倒闭。根据《存款保险条例》中"最高偿付限额为人民币 50 万元"的规定，阿珍存款的本息合计 427,000 元，在 50 万元以内，因此阿珍可以得到保险公司的全额偿付。换言之，阿珍的 427,000 元并不会因为 A 银行的倒闭而受到任何损失，因为保险公司会全额偿付。

那么，如果存款超过了最高偿付限额 50 万元，又会如何处理呢？超出最高偿付限额的部分，将依法从投保银行的清算财产中受偿，也就是由破产清算机构按照法定清偿顺序进行偿付。换言之，超出 50 万元的那部分，转换成存款人的普通债权。

继续以 A 银行为例，假设阿丽在 A 银行存了 60 万元的整存整取三年期定期存款，年利率同样是 2.25%，那么存满三年后，阿丽可以获得的利息是 $600,000 \times 2.25\% \times 3 = 40,500$ 元，加上本金总计 $600,000+40,500=640,500$ 元。显然，640,500 元超出了 50 万元的最高偿付限额。在 A 银行倒闭之后，根据《存款保险条例》，保险公司将以最高偿付限额将 50 万元偿付给阿丽。超额的部分 $640,500-500,000=140,500$ 元，则不属于保险公司的偿付责任，而是转为普通债权，以 A 银行的清算财产受偿，即 A 银行的破产清算机构将按照法定清偿顺序进行偿付。

话说回来，在实践中，由于破产清算的周期较长，并且按清偿顺序排到阿丽的时间也不短，需要有足够的耐心去等待，可能真的会"等到花儿也谢了"。所以，要是从源头上就避免走到这一步，就不用那么费心了。

那么，该怎样存钱才更安全呢？以下是两个关键点。

1.3.1 选择对的银行

上文列举了几家倒闭的英美大型银行，不过也不用太忧虑，因为它们与我国的银行在性质上存在显著差异。英美的大型银行大多属于私有银行，而我国的大型银行均为国有商业银行。具体来说，我国的国有控股的大型商业银行，也就是人们通常所说的"六大行"，包括中国工商银行、中国农业银行、中国银行、中国建设银行、交通银行、中国邮政储蓄银行，均由财政部、中央汇金公司（国有独资公司，全称为"中央汇金投资有限责任公司"）控股，倒闭的概率极低。

从商业银行的机构设置来看，通常除了总行，其他的都是分支机构。其中，省级分行属于一级分行，市级分行属于二级分行，市级以下的区、县、乡、镇的银行机构则被称为支行或营业网点。虽然有些商业银行的总行也办理个人存款等业务，但是大多数个人业务还是在分支机构办理的。

综上所述，在存钱时可以优先考虑国有商业银行的一二级分行，或所在城市核心区域的银行支行，或规模较大的银行支行。此外，大型股份制商业银行、一二线城市或所在省份核心城市的城市商业银行与农村商业银行，也是值得考虑的选择。简而言之，选择控股股东实力雄厚的商业银行，会具有更高的安全系数，控股股东实力越雄厚，银行的安全性就越高。

1.3.2 采用对的方式

根据《存款保险条例》的相关规定，同一存款人在同一家银行的存款本息的最高偿付限额是 50 万元。这里面有三个关键点，分别是存款人、银行和 50 万元。

如果存款本息不超过 50 万元，那么选择一家银行存钱就可以了，即便银行倒闭，也能获得保险公司的全额偿付。

继续以阿珍为例。阿珍有 40 万元，在 A 银行存了整存整取的三年期定期存款，年利率为 2.25%，存满三年后本息共计 427,000 元，在 50 万元以内，那么阿珍把 40 万元都存在 A 银行就可以了。

开启财富宝库
一本书看懂多元化理财策略

如果存款本息超过了 50 万元，那么该怎样存呢？在存款本息超过 50 万元，存款人不变的情况下，可以分别在两家或两家以上银行存钱。

继续以阿丽为例。阿丽的存款本金是 60 万元，整存整取的三年期定期存款存满三年的本息共计 640,500 元，超过了 50 万元的最高偿付限额。为了提高存款的安全性，就可以把 60 万元分成两份，每份 30 万元，在 A 银行存 30 万元，再找一家和 A 银行实力相当的 B 银行存入另外的 30 万元。

要是存款本息超过 50 万元，但只想在同一家银行存钱，又该怎样存呢？在存款本息超过 50 万元，存款的银行不变的情况下，家庭共有财产的不同共有人分开存钱即可。

继续以阿丽为例。阿丽只想在 A 银行存钱，又希望保证存款的安全，那么她可以让丈夫阿明也在 A 银行存钱，因为 60 万元是他们夫妻的共同财产。换言之，把 60 万元分成两份，阿丽在 A 银行存 30 万元，阿明在 A 银行也存 30 万元，两人的整存整取三年期定期存款存满三年，本息均为 $300,000+300,000 \times 2.25\% \times 3 = 320,250$ 元，都在 50 万元的最高偿付限额以内。这样一来，即便 A 银行倒闭，阿丽和阿明各自的 320,250 元存款本息都能获得保险公司的全额偿付。

有的朋友可能会问："在同一家银行的不同支行分开存钱行不行？"《中华人民共和国商业银行法》第二十二条规定，商业银行分支机构不具有法人资格。这意味着，无论存款人在同一家银行的多少家分支机构存钱，都被视为在"同一家银行"存钱，一旦存钱的银行倒闭，同一存款人的最高偿付限额仍然是 50 万元，并不会增加。所以，要分散存款，就必须在不同的银行存钱。

说到这里，再厘清一个概念——"银行理财"。通常，一说到银行理财，很多人会认为在银行存钱也属于银行理财的范畴。诚然，这样的想法并没有错，广义的银行理财，既包含活期存款、定期存款、大额存单、通知存款等存款方式，还包括不承诺保本保收益的非存款类理财产品。

第 1 章
银行宝库：打好理财根基

不过，业内所说的"银行理财"是狭义的，特指那些不承诺保本保收益的非存款类理财产品。需要再强调的是，《存款保险条例》保障的是一般性存款，并不包括非存款类理财产品。

综上所述，"银行宝库"是打好理财根基的关键一环，而存款是"银行宝库"中最为关键的部分。有了充足的存款，才有进行其他理财活动的前提。只有资金存得好、存得足、存得安全、存得安心，我们才能在进行其他理财活动的时候，保持平和的心态，不会因为市场的风吹草动就诚惶诚恐。这正是"家中有粮，心中不慌"所阐述的道理所在。

因此，"银行宝库"更注重的是资金的安全性与稳健性，而不是冒进地追逐收益更大化。只要在保本的基础上，实现稳健的收益便可，守好本金，备足粮草，把冲锋陷阵的逐利任务交给"银行宝库"之外的理财方式。

第 2 章

债券宝库：稳健增值的选择

第 2 章
债券宝库：稳健增值的选择

2.1 有一种国债类型已退出历史舞台，你知道是哪种吗

国债，其英文名称是 National Debt，是指国家为筹集财政资金而发行的债券。由于发行主体是国家，而且信用基础是最高级别的国家信用，因此国债被公认为是具有最高安全系数的稳健型理财产品。英国是最早发行现代意义国债的国家，由其央行英格兰银行负责国债的发行工作。

我国自 1981 年起恢复国债发行。根据券面形式的不同，我国发行的国债主要分为四种类型，分别是：无记名国债、凭证式国债、记账式国债、储蓄国债（电子式）。

2.1.1 无记名国债

无记名国债是我国发行历史最长的国债类型。1981 年恢复国债发行后出现的国库券，乃至第一个五年计划期间（1954—1958）发行的"国家经济建设公债"都可以列入无记名国债的范畴。

无记名国债是典型的实物国债，以实物券的形式记录债权，具有标准格式的实物券面，上面印有"中华人民共和国国库券"的字样，还印有券面金额、发行年份、编码等信息。有的国库券上还印制了各种自然风光、人文景观、工业场景等画面，设计精美，因此吸引了众多收藏爱好者。

无记名国债的发行对象包括机关、企事业单位和个人等，采用到期一次还本付息的方式，从发债之日起计息。常见的期限为三年，具体年限会在发行公告中注明。券面金额多样，有 1 元、5 元、10 元、100 元、500 元、1000 元、5000 元、1 万元、10 万元等，可以满足不同人群的需求。

无记名国债的特点可概括为"两不"：不记名，不挂失。因此，购买手续非常简单。此外，无记名国债还具有"两可"的特点。其一是可自由转让，即在转让时，不

需要背书，只要转出方与受让方达成合意，一经交付即产生法律效力，到期后就可以在全国范围通兑。其二是可上市流通，具有较强的流动性。无记名国债在证券交易所上市后，可以通过二级市场实现交易。

2000年5月，随着最后一期无记名国债到期兑付，此类型国债完成历史使命，正式退出了我国国债的发行舞台。

2.1.2 凭证式国债

1994年，财政部开始向个人投资者，以及政府机关、企事业单位、社会团体等机构投资者发行凭证式国债。起初，凭证式国债的"凭证"并非实物券，而是以"中华人民共和国国库券收款凭证"的形式记录国债期次、利率、客户名称等信息。

2012年，《中国人民银行 财政部关于2012年凭证式国债改革工作的指导意见》颁布实施，凭证式国债的发行对象调整为仅面向个人投资者。基于国债分类管理的新需求，根据《中华人民共和国财政部公告2016年第120号》的规定，自2017年起发行的凭证式国债更名为"储蓄国债（凭证式）"，因此下文改称储蓄国债（凭证式）。此外，2017年首期储蓄国债（凭证式）发行首日，启用"中华人民共和国储蓄国债（凭证式）收款凭证"，不再使用"中华人民共和国凭证式国债收款凭证"。

储蓄国债（凭证式）由财政部组织各承销机构分多期发行，发行期一般是每年的3月至11月，以三年期与五年期的中期债券为主，起购金额为100元，以整数倍递增。发行利率由财政部确定，采用到期一次性还本付息的方式，通过发售网点柜台办理认购，自购买之日起计息，不计复利，逾期兑付不加计利息。

与无记名国债的"两不"和"两可"相比，储蓄国债（凭证式）的特点则是"三可"和"一不"。"三可"是可记名、可挂失、可提前兑取；"一不"则是不能上市流通。可记名又可挂失的储蓄国债（凭证式）的安全性高于无记名国债。虽然不能像无记名国债那样在证券交易所上市流通，但是储蓄国债（凭证式）的发售网点众多，如果需要提前兑取，在发行期最后一日之前，到原购买点交还相应的"中华人民共和国储蓄国债（凭证式）收款凭证"办理提前兑取即可；如果不需要提前兑取，则到期后办理兑付就行，非常便利。

储蓄国债（凭证式）采用固定利率，通常高于同期限银行定期存款利率，而且其利息收入免征个人所得税。采用固定利率就意味着没有市场利率起伏的风险，不会因为市场利率的降低而折价。

需要强调的是，储蓄国债（凭证式）的固定利率指的是票面利率，其实际利率与持有期直接相关。倘若如期持有，到期时的实际利率即票面利率；而如果提前兑取，则要按实际持有时间对应的分档利率计付利息。

打个比方，A储蓄国债（凭证式）的期限是3年，票面年利率是2.85%，如果提前兑取，则按实际持有时间对应的分档利率计付利息。具体为：从购买之日起，持有时间不满半年的不计付利息；若满半年不满1年，则按年利率0.35%计息；若满1年不满2年，则按年利率1.32%计息；若满2年不满3年，则按年利率2.34%计息。

阿强和阿珍都购买了10万元的A储蓄国债（凭证式），假设阿珍如期持有了3年，那么到期时，实际利率即票面年利率2.85%。阿珍可以获得的利息收益是100,000×2.85%=2850元。

阿强仅持有了1年半就提前兑取，根据规则，满1年不满2年的按年利率1.32%计息，实际利率即1.32%。所以，阿强提前兑取时获得的利息收益是100,000×1.32%=1320元。

简单来说，储蓄国债（凭证式）按持有期分段设立实际的利息收益，持有时间越长，利息收益就越高。在发行期内购买，并且持有至到期时才兑付，就能获得最高的利息收益。若提前兑取，实际利率则会低于票面利率，须参照相应储蓄国债（凭证式）发行公告的规定执行。

2.1.3 记账式国债

根据财政部发布的《记账式国债招标发行规则》第二条，记账式国债是指"财政部通过记账式国债承销团向社会各类投资者发行的以电子方式记录债权的可流通国债"。

在上述定义中，有三个关键信息需要留意：社会各类投资者、以电子方式记录债权和可流通。"社会各类投资者"意味着记账式国债的发行对象同时包括机构投资者与个人投资者；"以电子方式记录债权"表示记账式国债是无纸化发行的国债，既没有像无记名国债那样的实物券，也没有像储蓄国债（凭证式）那样的收款凭证，而是以电子方式记录债权；"可流通"则是指记账式国债可以在证券交易所上市流通。

记账式国债主要分为两大类型，分别是记账式贴现国债和记账式附息国债。记账式贴现国债是指以低于面值的价格贴现发行，到期按面值还本，期限为1年以下（不含1年）的记账式国债；记账式附息国债是指定期支付利息，到期还本付息，期限为1年以上（含1年）的记账式国债。

通常，记账式国债的发行面值是每张100元，起购金额为100元，以整数倍递增。常见的期限有1年、2年、3年、5年、7年等，10年以上的则相对少见。

为了便于区分，在不同证券交易所上市的记账式附息国债与记账式贴现国债，采用不同的代码规则与名称规则。

1. 记账式附息国债

在上海证券交易所上市的记账式附息国债的代码规则是"019×××"，其名称中会直接带"国债"二字，规则是"发行年份的后两位数字+国债+发行期数"。

比如"（019722）23国债19"，其中，"019722"是代码，名称"23国债19"的前缀数字"23"表示发行年份为2023年，后缀数字"19"表示发行期数为第19期。"23国债19"表示2023年发行的第19期在上海证券交易所上市的记账式附息国债。

在深圳证券交易所上市的记账式附息国债的代码规则是"10××××"，其名称中同样会直接带"国债"二字，规则是"国债+发行年份的后两位数字+发行期数"。

比如"（102255）国债2327"，其中，"102255"是代码，名称"国债2327"的前两位数字"23"表示发行年份为2023年，后两位数字"27"表示发行期数为第27期。"国债2327"表示2023年发行的第27期在深圳证券交易所上市的记账式附息国债。

2. 记账式贴现国债

在上海证券交易所上市的记账式贴现国债，代码规则是"020×××"，名称规则是"发行年份的后两位数字+贴债+发行期数"。

以"（020615）23贴债77"为例，"020615"是代码，名称"23贴债77"表示2023年发行的第77期在上海证券交易所上市的记账式贴现国债。

在深圳证券交易所上市的记账式贴现国债，代码规则是"11××××"，名称规则是"贴债+发行年份的后两位数字+发行期数"。

以"（110007）贴债2367"为例，"110007"是代码，名称"贴债2367"表示2023年发行的第67期在深圳证券交易所上市的记账式贴现国债。

有证券账户的投资者可以在证券交易所买卖记账式国债。那么，没有证券账户的投资者如果想要买卖记账式国债的话，又该怎样实现呢？答案很简单，财政部记账式国债分销业务试点银行的网点柜台、网上银行、手机App等银行官方渠道都可以办理记账式国债柜台交易业务，实现记账式国债的现券买卖、转托管、非交易过户等需求。

记账式国债可上市流通，会因市场变化而产生市场利率，并且市场利率时常会高于发行时的票面利率，这也正是记账式国债可上市流通特性而产生的投资魅力之一。因此，对于具有一定市场交易经验的投资者来说，记账式国债不失为合适之选。

2.1.4　储蓄国债（电子式）

2006年6月21日，财政部发布《中华人民共和国财政部公告2006年第9号》，首次发行储蓄国债（电子式）。在该公告中，储蓄国债（电子式）的定义是"财政部面向境内中国公民发行的，以电子方式记录债权的一种不可上市流通的人民币债券"。从这个定义可以看出，储蓄国债（电子式）的发行对象是中国境内的公民，即个人投资者，而不包括机构投资者。

首次发行储蓄国债（电子式）的承办银行一共有7家，包括5家国有商业银行、1家股份制商业银行与1家城市商业银行，分别是中国工商银行、中国农业银行、中国银行、中国建设银行、交通银行、招商银行、北京银行。

在这7家银行开立债券托管账户并设置债券托管账户的资金账户后，使用资金账户中的存款即可直接购买储蓄国债（电子式）。因为是电子式的，所以并没有收款凭证。此外，已开立记账式国债托管账户的投资者，使用原账户即可购买储蓄国债（电子式），不用再另行开户。

在实践中，储蓄国债（电子式）的年利率普遍高于同期限银行定期存款和大额存单的年利率，也高于同期限的记账式国债的票面利率，但是储蓄国债（电子式）不能上市流通，也就少了记账式国债那样的获得更高到期收益的可能性。

此外，与储蓄国债（凭证式）一样，储蓄国债（电子式）也是100元起购，以整数倍递增的方式购买。不过二者的付息方式不大相同，前者是到期一次还本付息，而后者按年付息，到期支付本金及最后一次利息。

综上所述，在无记名国债退出国债的发行舞台后，按照券面形式，我国国债主要有三大类型，分别是记账式国债、储蓄国债（凭证式）和储蓄国债（电子式）。若把后两者都归类为储蓄国债的话，则主要有两大类型，那就是记账式国债与储蓄国债。

从便利性的角度来看，储蓄国债（电子式）比储蓄国债（凭证式）更便利，更适合热衷于线上交易模式的投资者；从收益的角度来看，追求确定性收益的投资者可以优先选择储蓄国债（电子式），而对收益预期更高的投资者则可以优先选择记账式国债。

2.2 为什么说我国国债是"稳稳的幸福"

自1981年恢复发行以来,我国国债的发行规模突飞猛进,体现了国人对国债的热衷程度。不少国债投资者认为国债是"稳稳的幸福"。下文总结了我国国债的6个"幸福点"——信用佳、风险小、收益稳、流动性强、门槛低、免征税。下面将展开阐述。

2.2.1 信用佳:国债背靠国家信用

国债的发行主体是国家,是以国家信用作为发行担保与背书的债券,而国家信用属于最高级别的信用,因此背靠国家信用的国债被公认为是具有最高安全系数的债券。

国债所依托的国家信用,建立在国家的综合实力之上。我国是联合国安理会常任理事国之一,是全球第二大经济体,是全球最大、综合实力最强的发展中国家,因此我国国债具有较高的信用度,能给投资者带来较强的信赖感。

2.2.2 风险小:国债是风险最小的债券

债券属于低风险的理财产品,国债则属于债券之中风险最小的类型。我国国债的发行主体是财政部,有国家财力作为强大后盾,具有强大的还本付息能力。换言之,我国国债的违约风险极低,能给投资者带来"稳如泰山"的安全感。

此外,国债中的"储蓄国债"带有"储蓄"功能,凸显了安全性,值得投资者将其作为重要的储蓄方式之一。

2.2.3 收益稳：国债具有稳健收益

我国的国债采用固定利率的方式，无论是记账式国债，还是储蓄国债（凭证式）、储蓄国债（电子式），都是如此。这就意味着如期持有国债都能获得固定的票面利率收益。此外，基于市场利率的变化，记账式国债有获得高于票面利率的稳健收益的潜力。

值得一提的是，国债的固定利率普遍高于同期限银行定期存款利率。

2.2.4 流动性强：国债具有较强的流动性

我国国债具有较强的流动性，适合对资金的灵活运用有需求的投资者。记账式国债可以在证券交易所上市交易，也可以通过记账式国债分销业务试点银行的柜台办理现券买卖、转托管等业务。而储蓄国债（凭证式）和储蓄国债（电子式）在发行期结束后，在到期日之前，投资者可以根据自身的资金运转需求办理提前兑取。

2.2.5 门槛低：国债具有较低的参与门槛

我国国债的参与门槛较低。记账式国债、储蓄国债（凭证式）和储蓄国债（电子式）均是 100 元即可起购，如购买 100 元以上的国债，金额以 100 元的整数倍递增。这使得更广泛的投资者能感受国债的"幸福感"。

2.2.6 免征税：国债具有免税优惠政策

投资者购买国债可以享受免税的优惠政策。根据《中华人民共和国企业所得税法》第二十六条，企业的国债利息收入属于免税收入，即企业的国债利息收入不用缴纳企业所得税。根据《中华人民共和国个人所得税法》第四条，个人所得的"国债和国家发行的金融债券利息"免征个人所得税。换言之，个人投资者购买国债所获得的利息收入，无须缴纳个人所得税。

总的来说，国债是公认的具有最高安全系数的稳健型理财产品，我国国债更是具有信用佳、风险小、收益稳、流动性强、门槛低、免征税等特点，能让投资者切身体会到"稳稳的幸福"。

2.3 除了国债，这三种债券你也该了解，尤其是第三种

国债是风险最小的债券。不过国债并非唯一的债券类型，根据发行主体、期限、偿付方式等不同维度，债券可以分为多种不同类型。本节主要讲解除国债以外的三种主要债券类型，它们均为个人投资者可以参与交易的债券类型。

2.3.1 金融债券

金融债券的英文名称为 Financial Bond。"国债"中的"国"表明国债的发行主体是国家，而"金融债券"一词中"金融"则是指金融债券的发行主体是金融机构。金融债券的典型发行主体，或者说发债的金融机构包括银行和其他非银行的金融机构。说到这里，金融债券的概念就呼之欲出了——金融债券是指由银行与非银行金融机构发行的债券。

1985 年，中国工商银行、中国农业银行开始尝试发行面向城乡个人的实物券形式的金融债券，由此拉开我国金融债券历史的帷幕。1999 年以来，我国金融债券的主要发行主体是政策性银行，即国家开发银行、中国进出口银行、中国农业发展银行等三家政策性银行。其中，国家开发银行是"主要之中的主要"发行者，大部分的金融债券由国家开发银行发行。由上述三家政策性银行发行的金融债券是政策性金融债券，简称为"政策性金融债"。

尽管政策性银行是金融债券的主要发行主体，却并非唯一发行主体，只要符合相关规定与程序，以及经过中国人民银行的批准，其他国有商业银行、股份制商业银行、城市商业银行、农村商业银行、外资银行与非银金融机构，同样可以发行金融债券。

在实践中，金融债券常见的期限有 1 年、3 年、5 年、7 年和 10 年，债券面值是 100 元，采用固定利率，与记账式国债的模式较为相似。

对个人投资者来说，与记账式国债一样，可以通过两个主要渠道购买金融债券：银行的柜台交易渠道与证券交易所的场内交易渠道。

在银行的柜台交易渠道中，以"21 国开 07"金融债券为例，"国开"表示发行主体为"国家开发银行"，前缀数字"21"表示发行年份为 2021 年，后缀数字"07"是发行期数，因此其全称是"国家开发银行 2021 年第七期金融债券"。

在证券交易所的场内交易渠道中，以"国开 2301"为例，"国开"代表"国家开发银行"，"23"表示发行年份为 2023 年，"01"是发行期数。所以，"国开 2301"就是指国家开发银行跨市场发行的 2023 年第一期金融债券。

值得一提的是，与记账式国债相比，金融债券的票面利率更高。相应地，金融债券的风险也更大，在债券期限之内，到期收益率的波动也会比记账式国债更大一些。

2.3.2 地方政府债券

地方政府债券的英文名称为 Local Treasury Bond，顾名思义就是地方政府发行的债券。

我国的地方政府债券主要包括两大类型：地方政府一般债券和地方政府专项债券。二者均采用记账式固定利率附息形式，期限同样包括 1 年、2 年、3 年、5 年、7 年和 10 年。

个人投资者购买地方政府债券的便利渠道与购买金融债券的一样，也是银行的柜台交易渠道和证券交易所的场内交易渠道。

先看银行的柜台交易渠道。以"23 深圳债 40"为例，"深圳债"指的是深圳市政府发行的地方政府债券，前缀数字"23"表示发行年份为 2023 年，后缀数字"40"表示发行期数。

不过，债券名字的简称中并未指明是一般债券还是专项债券，从债券名字的全称中才能看出来。例如，"23深圳债40"的全称是"2023年深圳市政府专项债券（四十期）"，说明这是专项债券。

再来看证券交易所的场内交易渠道。以在深圳证券交易所上市的"兵团2312"为例，其全称是"2023年新疆维吾尔自治区（新疆生产建设兵团）专项债券（七期）"。

一般来说，债券的上市交易通知中都会列明债券期限、简称、发行总额、票面利率等相关信息。

2.3.3 可转换债券

可转换债券（Convertible Bond，CB），更正式的说法是"可转换公司债券"，简称"可转债"。根据中国证监会发布的《可转换公司债券管理办法》第二条，可转债是指"公司依法发行、在一定期间内依据约定的条件可以转换成本公司股票的公司债券，属于《证券法》规定的具有股权性质的证券"。

从法律的角度看，债券是债权凭证，为什么说可转债是"具有股权性质的证券"呢？这正是可转债的特点——"债转股"，依据约定的条件可以转换成公司股票，而"债转股"之后的股票恰恰就是股权的表现形式。需要强调的是，这里所说的"公司股票"特指上市公司股票。

按照发行对象的不同，可转债可分为向特定对象发行的可转债与向不特定对象发行的可债券。其中，"不特定对象"主要指的是证券交易所的普通投资者。因此，这里只探讨向不特定对象发行的可转债。

《可转换公司债券管理办法》的第八条规定："可转债自发行结束之日起不少于六个月后方可转换为公司股票，转股期限由公司根据可转债的存续期限及公司财务状况确定。可转债持有人对转股或者不转股有选择权，并于转股的次日成为发行人股东。"在可转债的发行公告中，通常会注明可转债的发行人、债券简称、债券代码、发行量、上市地点、上市时间、可转债存续的起止日期、可转债转股的起止日期等信息。在可转债转股的起止日期区间的交易日中，需要转股的债券持有人可以选择转股。

在实践中，上市公司发行的可转债在该公司股票上市的同一证券交易所上市。在上海证券交易所上市的可转债的代码以"11"开头，在深圳证券交易所上市的以"12"开头。无论是在上海证券交易所上市，还是在深圳证券交易所上市，可转债的债券面值均为每张 100 元。

通常来说，可转债的利率低于同期限的国债等债券的利率。不过，与国债、金融债券、地方政府债券相比，可转债收益的弹性会更大。换言之，在配置了"稳稳的幸福"的国债、稳健的政策性金融债券、优质的地方政府债券之余，再配置一部分收益弹性更大的可转债，或许还能收获意料之外的惊喜。

那么，可转债的收益弹性究竟有多大呢？

根据《上海证券交易所可转换公司债券交易实施细则》《深圳证券交易所可转换公司债券交易实施细则》的相关规定，除上市首日外，可转债的价格涨跌幅的限制比例为 20%，可转债上市首日（上市后的首个交易日）的最大涨幅是 57.3%，最大跌幅是 43.3%。从 57.3% 到 -43.3%，涨跌幅区间跨度高达 100.6%，足以看出其收益弹性之大。

说到可转债上市首日，再科普一个可转债的术语——"打新债"。在可转债发行期间申购，如果成功中签，就是打到了新债。在实践中，可转债在上市首日即触达 57.3% 的最高涨幅的情况并不鲜见。对于打到新债的投资者来说，这显然是令人心花怒放的收益幅度。

即便不打新债，或者没打到新债，有的可转债在上市首日后的两三个交易日同样会有强势表现。换言之，参与可转债上市首日后的行情交易，同样能有不错的收益，因为 20% 的涨幅同样能让人喜笑颜开。

有了大幅浮盈后，投资者如果能及时见好就收，大概率硕果累累；反之，该落袋为安时还犹豫不决，就很有可能错失最佳卖出时机而回吐利润，甚至"扭盈为亏"。换言之，在正确的时间进场，也要懂得在适宜的时间出场，否则，不但有可能"竹篮打水一场空"，还可能连竹篮都搭进去。

看了上述内容，有的投资者可能就有疑惑了："可转债不是有转股的特点吗？为什么你没有提及？"之所以没有特别讲解如何转股，是因为可转债具有一个优于A股股票的交易优势，那就是"T+0交易"，即交易日内买入，当日就可卖出，并且可以多次来回交易。而股票是T+1交易，在交易日买入，最快要到次交易日才能卖出。

此外，在股市行情较弱时，发行可转债的上市公司的股票，即正股的行情未必比可转债强，这样一来就没转股的必要了。毕竟大部分可转债的期限是6年，在6年内充分发挥可转债的T+0交易优势，比转股后做股票交易能有更大的收益空间。

既然可转债的债券持有人具有是否转股的选择权，如果发行可转债的上市公司经营正常，那么更应该发挥可转债的交易优势。需要注意的是，不同可转债有不同的关注度，关注度高的可转债交易更为活跃，成交额也更大，选择这种类型的可转债可能更有利于提升交易层面的表现。

2.4 别以为债券只适合叔叔阿姨，这种债券交易对年轻人来说也很"香"

人们往往对债券投资有一种刻板的印象，认为只有上了一定年纪的叔叔阿姨才会热衷于债券投资和理财。其实，随着投资理财模式与方式的不断升级迭代，除去法定年龄、特定人群以及投资经验的限制，绝大多数理财方式都是适合广大成年人的。换言之，适合叔叔阿姨们的稳健增值的债券投资，同样适合年轻人。本节要介绍的正是一种对年轻人来说也很"香"的债券交易方式——国债逆回购。

不同证券交易所的国债逆回购的简称与代码略有不同。在上海证券交易所，国债逆回购的简称以"GC"开头。例如，"1天期国债逆回购"的简称是"GC001"，"7天期国债逆回购"的简称是"GC007"，"14天期国债逆回购"的简称是"GC014"，以此类推。

在深圳证券交易所，国债逆回购的简称则是以"R"开头的。比如，"1 天期国债逆回购"的简称是"R-001"，"7 天期国债逆回购"的简称是"R-007"，"14 天期国债逆回购"的简称是"R-014"，以此类推。

与深圳证券交易所相比，上海证券交易所的国债逆回购的代码更有规律，以"204"开头，后面的三个数字表示期限。例如，上海证券交易所的"1 天期国债逆回购"的代码是 204001，"7 天期国债逆回购"的代码是 204007，"14 天期国债逆回购"的简称是 204014，以此类推。

之所以说国债逆回购同样适合年轻人理财，主要因为它具有以下三大特点。

1. 参与门槛不高

无论在上海证券交易所还是在深圳证券交易所，国债逆回购的起购金额均为 1000 元，1000 元以上的则以 1000 元的整数倍递增。只要在证券公司开立了证券账户，就可以参与国债逆回购。

2. 资金灵活度较高的短期理财方式

国债逆回购包括 9 个期限类型，分别是 1 天期、2 天期、3 天期、4 天期、7 天期、14 天期、28 天期、91 天期和 182 天期。除了 91 天期和 182 天期稍长之外，其他期限均较短。因此，国债逆回购属于资金灵活度较高的短期理财方式，比银行定期存款、大额存单更为灵活。

3. 畅享长假期的额外计息复利

以年化收益率来计算，国债逆回购的年收益率普遍高于同期限银行定期存款与大额存单的年利率。值得一提的是，遇到国庆等法定长假期，在长假期前申报参与国债逆回购，还能畅享长假期的额外计息复利。因此，很多投资者更乐于在长假期前申报参与国债逆回购。

第 2 章
债券宝库：稳健增值的选择

以 2023 年国庆长假为例，法定假期是 2023 年 9 月 29 日至 10 月 6 日，共 8 天。在 9 月 27 日申报参与"1 天期国债逆回购"，到期日是 10 月 9 日。这是因为 10 月 7 日与 10 月 8 日刚好是周六与周日，都不是交易日，所以到期日顺延至 10 月 9 日。根据上海证券交易所与深圳证券交易所的国债逆回购交易规则，申报日与到期日进行资金清算，不计息，即"头尾日不计息"，这样一来，包括 2023 年 9 月 28 日至 10 月 6 日的 9 天，以及 10 月 7 日与 10 月 8 日这两天，一共 11 天都能计息，相当于长假期"躺赚"利息，如表 2-1 所示。

表 2-1　国债逆回购在假期的额外计息示例

			2023 年 9 月			
			星期三	星期四	星期五	星期六
			27 申报日 清算，不计息	28 起算日 计息	29 调休日休市 计息	30 国庆假期 计息

			2023 年 10 月			
星期日	星期一	星期二	星期三	星期四	星期五	星期六
1 国庆假期 计息	2 国庆假期 计息	3 国庆假期 计息	4 国庆假期 计息	5 国庆假期 计息	6 国庆假期 计息	7 双休日休市 计息
8 双休日休市 计息	9 到期日 清算，不计息					

对于普遍注重资金灵活度的年轻人来说，国债逆回购除了能满足资金灵活度的需求，在短期内还有更高的收益，可谓一下子满足了两个愿望，获得双倍快乐。所以，不要总说体会不到叔叔阿姨的快乐，掌握国债逆回购的知识与技巧，你也能乐在其中。

第 3 章

股票宝库：成长与风险并存

第 3 章

股票宝库：成长与风险并存

3.1 想要股票炒得好，这些常识与术语得明了

"炒股"的"股"指的是股票，炒股是"股票投资"的俗称。如今，无论是股市、股票，还是炒股，在我国都已经不再是新鲜事物，老百姓早已习以为常。并且，炒股已成为老百姓最主要的理财方式之一。

放眼全球，股市和股票早就是历史悠久的"古董"了。早在 17 世纪的 1609 年，在荷兰的首都阿姆斯特丹就已成立证券交易所——阿姆斯特丹证券交易所（Amsterdam Stock Exchange，AEX）。这是公认的以股票为主要交易对象的全球第一家证券交易所。换言之，阿姆斯特丹证券交易所是全球第一家与炒股相关的证券交易所，全球第一只股票在此发行。

下面介绍炒股的必知常识与术语。

3.1.1 A 股

人们日常所说的股票，特指 A 股股票。A 股是指在中国境内注册的公司发行，在中国境内上市，以人民币标明面值，供中国境内机构、组织或个人以人民币认购和交易的普通股股票。

简单而言，在证券公司开立 A 股账户后，即可开启 A 股的股票投资之旅。

自 2013 年 4 月 1 日起，我国境内的港澳台居民可以开立 A 股账户；自 2018 年 9 月 15 日起，符合规定的外籍人员也可以开立 A 股账户。在 2013 年 3 月 15 日中国证券业协会发布《证券公司开立客户账户规范》之后，A 股账户的开立流程更加简便，不必非得到证券公司的线下营业部才能开立 A 股账户，通过证券公司的官方网站、App 等线上渠道同样也能开户。

值得一提的是，2020 年 8 月 24 日，深圳证券交易所创业板首批注册制企业上市，

创业板正式开启注册制时代。2023年4月10日，上海证券交易所、深圳证券交易所主板的首批注册制企业正式上市，A股市场的股票发行注册制改革全面落地。

3.1.2 A股的证券交易所

证券交易所的英文名称为Stock Exchange。A股的三大证券交易所分别是上海证券交易所、深圳证券交易所和北京证券交易所。上海证券交易所在1990年12月19日正式开业，简称"上交所"或"沪市"；深圳证券交易所在1991年7月3日正式开业，简称"深交所"或"深市"；北京证券交易所在2021年11月15日正式开业，简称"北交所"或"京市"。

从名称可以看出，A股三大证券交易所分别位于上海、深圳和北京。除了位于不同城市之外，三大证券交易所还有以下三大主要区别。

1. 上市板块区别

上海证券交易所具有两大上市板块：主板和科创板。深圳证券交易所也具有两大上市板块：主板和创业板。2021年2月5日，深圳证券交易所将主板与中小板合并，统称为主板。

北京证券交易所有一个特色功能——转板，其含义有两点：一是指在全国中小企业股份转让系统（即"新三板"）挂牌的企业，如符合条件可以申请转板至北京证券交易所上市；二是指在北京证券交易所上市的企业，如符合条件可以申请转板至上海证券交易所或深圳证券交易所上市。

2. 股票代码的区别

A股的股票代码是6位数字，但不同证券交易所股票代码的前缀并不相同。

上海证券交易所主板的股票代码以"60"开头，科创板的以"688"开头。深圳证券交易所主板的股票代码以"00"开头，创业板的以"30"开头。北京证券交易所的股票代码则是以"8"开头的。

3. 涨跌幅的区别

1996年12月16日，上海证券交易所、深圳证券交易所正式实行股票价格涨跌幅限制，即"涨跌停板制度"，并一直沿用至今。

根据《上海证券交易所交易规则（2023年修订）》、《深圳证券交易所交易规则（2023年修订）》以及《北京证券交易所交易规则（试行）》的相关规定，在注册制之下，新股上市后的前5个交易日没有价格涨跌幅限制，自第6个交易日起，沪深两市主板的股票价格涨跌幅限制比例为10%，创业板与科创板的涨跌幅限制比例为20%；在北京证券交易所，除了上市首日不设涨跌幅限制之外，自上市次日起，股票价格涨跌幅限制比例为30%。

若不是新股，上海证券交易所、深圳证券交易所主板的股票价格涨跌幅限制比例是10%，创业板与科创板的股票价格涨跌幅限制比例是20%，北京证券交易所的股票价格涨跌幅限制比例是30%。

3.1.3 A股的开市时间

根据三大证券交易所的相关交易规则，交易日为每周一至周五，国家法定年节假日与交易所公告的休市日则休市。简单来说，周六、周日，以及劳动节、国庆节、春节等国家法定假日，三大证券交易所都休市；除此之外，没有特别公告不开市的日子都开市。

在实践中，开市俗称"开盘"。交易日的开盘时间包括两个时间段，分别是早盘（9:30至11:30）与午盘（13:00至15:00）。通常，一到交易日的9:30或13:00，投资者就会说"开盘了"，而到11:30或15:00则说"收盘了"。

3.1.4 A股的交易机制

1. T+1交易

A股采用T+1交易机制，"T"是交易的英文"Trade"的首字母。简单来说，在

T 交易日买入的股票，在 T+1 日才可以卖出，即最快在次交易日才能卖出。与 T+1 交易机制不同的是 T+0 交易机制，即在 T 交易日买入的股票，当日就可以卖出。

根据三大证券交易所的相关交易规则，不同交易时段的交易事项与交易须知如表 3-1 所示。

表 3-1　不同交易时段的交易事项与交易须知

序　号	交易事项	交易时段	交易须知
1	开盘集合竞价	9:15 至 9:25	9:15 至 9:20 未成交的申报可以撤销，可挂单，可撤单
			9:20 至 9:25 不接受撤销申报，可挂单，不可撤单
2	连续竞价	9:30 至 11:30	未成交的申报可以撤销，可挂单，可撤单
		13:00 至 14:57	未成交的申报可以撤销，可挂单，可撤单
3	收盘集合竞价	14:57 至 15:00	不接受撤销申报，可挂单，不可撤单

集合竞价是指对在规定时间内接受的买卖申报一次性集中撮合的竞价方式；连续竞价是指对买卖申报逐笔连续撮合的竞价方式。

集合竞价的英文为"Call Auction"，"Call"有"叫"的意思，"Auction"则是拍卖的意思。这样来看，这个词就很容易理解了。

其实，集合竞价的场景是这样的：在股市的交易大厅里有一群投资者，对某只股票有意向的投资者可以举手叫价，叫价完毕后，市场负责集合竞价的工作人员就把所有的意向叫价集中撮合起来而得出市价。

自从股票交易电子化之后，投资者通过电脑或手机就能完成集合竞价的叫价，即如今所说的"申报"，而无须到交易大厅举手，扯着嗓子叫价。

为什么要在 9:15 至 9:25 进行集合竞价呢？道理很简单，为了确定当日的开盘价。

打个比方，2023 年 12 月 27 日，股票"戈多股份"（"戈多股份"是虚拟的股票名称，下同）经过集合竞价，确定的市价是 13.14 元。那么，12 月 27 日"戈多股份"的开盘价便是 13.14 元。

进一步讲，假设 12 月 26 日"戈多股份"的收盘价是 13.00 元，那么，12 月 27

日"戈多股份"的开盘价 13.14 元就属于"高开"，因为比前一交易日的收盘价高。反之，假设 12 月 26 日"戈多股份"的收盘价是 14.00 元，那么，12 月 27 日"戈多股份"的开盘价 13.14 元就属于"低开"，因为比前一交易日的收盘价低。还有一种特殊情况，就是"平开"，即 12 月 26 日"戈多股份"的收盘价是 13.14 元，刚好 12 月 27 日的开盘价也是 13.14 元，两者相同。

那么，是不是可以随心所欲地申报呢？根据相关交易规则，A 股申报价格的最小变动单位为 0.01 元人民币，申报数量应当为 100 股或其整数倍。换言之，申报价格最小到"分"，申报的股票数量至少 100 股起，超过 100 股的则必须是 100 股的整数倍，比如 200 股、700 股、1000 股等，而不能申报 101 股、123 股等零碎数字。此外，俗称的"1 手"指的是 100 股，10 手即 1000 股，以此类推。

那么，挂单与撤单又是什么意思呢？

举个例子，假设"戈多股份"每股现价是 13.17 元，而阿强以每股 13.12 元下单买入 1000 股，这个下单动作就是"挂单"。挂单后，阿强发现"戈多股份"的股价持续在 13.17~13.22 元之间波动，并没有跌到 13.12 元，阿强估计挂的单成交不了，于是把单撤销，这个撤销的动作便是"撤单"。

2. 单向交易与融资融券双向交易

在采用 T+1 交易机制的同时，A 股还采用单边交易模式，即只能单向买涨。简单来说，买入股票后，在不计算其他交易成本的情况下，股价相对买入价上涨时才能赚钱。

假设阿强看好"戈多股份"会继续上涨，以每股 13.14 元的价格买入，当股价涨到 13.24 元时卖出，这样阿强就赚得 13.24－13.14=0.10 元的每股差价；反之，假设"戈多股份"的后市股价低于阿强的买入价 13.14 元，阿强就亏钱了。

不过，在融资融券业务被推行后，A 股的"两融标的股票"实现了双向交易，既可以融资买涨，也可以融券买跌。

下面简单介绍一下融资融券业务。根据中国证监会发布的《证券公司融资融券业务管理办法》第二条，融资融券业务是指"向客户出借资金供其买入证券或者出借证券供其卖出，并收取担保物的经营活动"。

融资融券简称为"两融"，可以进行融资融券交易的股票称为"两融标的股票"，俗称"两融股票"。在股票行情工具中，两融标的股票的名称中会显示"两融"标识，或者在股票列表列出的股票名称右侧带有字母"R"。

继续以阿强为例。阿强预料"戈多股份"会下跌，每股价格同样是13.14元，阿强采用了融券买跌的方式。结果如阿强所料，"戈多股份"下跌，跌到13.04元时，阿强选择止盈。这样一来，阿强就赚得13.14—13.04=0.10元的每股差价。

话说回来，大部分散户投资者更习惯于买涨，而非买跌，而且只有符合条件且在证券公司开通融资融券权限后，才能进行融资融券的交易。此外，并非所有A股股票都可以进行融资融券交易，只有两融标的股票才可以。

3.1.5　A股的股票价格指数

股票价格指数，英文名称为Stock Index，简称"股票指数"或"股价指数"。在全球股票史上，最早的股价指数是道琼斯工业平均指数（Dow Jones Industrial Average，DJIA），由道琼斯公司的创始人查理斯·道（Charles Dow）在1884年开始编制，以道琼斯公司的名称命名，简称"道琼斯指数"。

A股最早的股价指数是1991年7月15日上海证券交易所发布的"上证综合指数"。根据上海证券交易所、中证指数有限公司修订的《上证综合指数编制方案》（2020年7月22日起施行）相关规则，上证综合指数的样本空间由在上海证券交易所上市的股票和红筹企业发行的存托凭证组成，ST与*ST证券除外。

上证综合指数简称"上证指数"，指数代码为000001，以上海证券交易所的开业日 1990 年 12 月 19 日为基日，以 100 点为基点。

三大证券交易所的主要股价指数情况如表 3-2 所示。

表 3-2　三大证券交易所的主要股价指数情况

证券交易所	板　　块	股价指数（代码与名称）	简　　称	基　　日	基　　点
上海证券交易所	主板	000001 上证综合指数	上证指数	1990 年 12 月 19 日	100 点
	科创板	000688 上证科创板 50 成份指数	科创 50	2019 年 12 月 31 日	1000 点
深圳证券交易所	主板	399001 深证成份指数	深证成指	1994 年 7 月 20 日	1000 点
	创业板	399006 创业板指数	创业板指	2010 年 5 月 31 日	1000 点
北京证券交易所	—	899050 北证 50 成份指数	北证 50	2022 年 4 月 29 日	1000 点

在实践中，人们日常谈论的"大盘指数"通常特指上证指数和深证成指。一般来说，大盘指数上涨，就意味着 A 股整体行情上涨；反之，大盘指数下跌，就意味着 A 股整体行情下跌。

大盘指数上涨，投资者持有的股票非但没有跟涨，竟然还下跌，这种情况常常被投资者自嘲为"只赚指数不赚钱"，令人唏嘘又感慨万千；反之，大盘指数下跌，投资者持有的股票不但没有跟跌，反而逆势上涨，这种情况往往令人啧啧称赞，艳羡不已。

除了上证指数、深证成指、创业板指、科创 50、北证 50 之外，A 股市场的重要指数还包括上证 50、上证 100、上证 180、上证 380、深证 50、深证 300、沪深 300、中证 100、中证 500、中证 1000 等。其中，沪深 300 为上海证券交易所、深圳证券交易所在 2005 年 4 月 8 日联合发布的指数，由沪深市场中规模大、流动性好的最具代表性的 300 只股票组成，因而成为衡量股票表现强弱的核心参考基准。

通常，在同周期之内，如果走势跑赢沪深 300，这类股票往往被认为是相对强势的股票；反之，如果跑输沪深 300，则会被认为是相对弱势的股票。

假设阿强持有的"戈多股份"在最近 3 个月累计上涨 27%，同期沪深 300 仅上涨 7%，显然"戈多股份"远远跑赢沪深 300，属于近 3 个月表现强势的股票。

除了与沪深 300 对比，在衡量股票表现时，也可以将其与所属板块的"板块指数"做对比。打个比方，C 银行的股票所属的是银行板块，而板块指数便是银行板块指数。

简单来说，在炒股时，应优先选择跑赢或者有潜力跑赢沪深 300 与所属板块的板块指数的股票。

3.1.6　A 股的板块

A 股的板块主要有四大类型，分别是行业板块、概念板块、地区板块和风格板块，下面将展开讲解。

1. 行业板块

根据中国证监会发布的《上市公司行业分类指引（2012 年修订）》，上市公司行业以字母 A~S 的门类代码排序，共分为 19 个门类，包含 90 个大类。表 3-3 列出了这 19 个门类。

表 3-3　上市公司行业门类代码

门类代码	类别名称
A	农、林、牧、渔业
B	采矿业
C	制造业
D	电力、热力、燃气及水生产和供应业
E	建筑业
F	批发和零售业
G	交通运输、仓储和邮政业
H	住宿和餐饮业
I	信息传输、软件和信息技术服务业
J	金融业

第 3 章
股票宝库：成长与风险并存

续表

门类代码	类别名称
K	房地产业
L	租赁和商务服务业
M	科学研究和技术服务业
N	水利、环境和公共设施管理业
O	居民服务、修理和其他服务业
P	教育
Q	卫生和社会工作
R	文化、体育和娱乐业
S	综合

此外，根据中证指数有限公司发布的《中证行业分类标准（CICS）》，中证行业分类标准划分为四个级别，分别为一级行业、二级行业、三级行业、四级行业，共有11个一级行业、35个二级行业、98个三级行业、260个四级行业。其中，11个一级行业分别是：能源、原材料、工业、可选消费、主要消费、医药卫生、金融、信息技术、通信服务、公用事业、房地产。

除了中国证监会的上市公司行业分类与中证指数有限公司的中证行业分类，还有申万行业分类、中信行业分类、通达信行业分类、东方财富行业分类、同花顺行业分类等不同行业分类。

通常，不同行业板块的股票会被相应地称为"××股"，比如银行板块的股票被称为"银行股"，光伏设备板块的股票被称为"光伏设备股"或"光伏股"，电力行业的股票被称为"电力股"等，以此类推。

值得一提的是，能源、金融、房地产及各自的子板块的股票市值普遍较高，相应板块的总市值同样普遍较高，所以这样的行业板块一般被称为"权重板块"，对 A 股市场具有举足轻重的主导作用。因此，权重板块也被比喻为"大象板块"。换言之，权重板块的涨跌对 A 股市场的涨跌具有主导作用。

2. 概念板块

概念板块是与同一个概念因素相关的不同行业股票的集合。行业板块的不同股票均来自同一行业，而概念板块的股票则不一定来自同一行业。概念板块的股票涉及的行业数量，与概念的相关性有密切关系。

不同概念板块的股票同样会被称为"××股"，比如芯片概念的股票被称为"芯片股"、电子元件概念的股票被称为"电子元件股"等，以此类推。需要注意的是，一只股票所属的概念板块数量，会因其背后公司涉及的新题材概念而增加。

打个比方，某芯片概念股票背后的上市公司跨界投资中药，因而这只股票也属于中药概念板块。如果该上市公司跨界投资中药后，又跨界投资绿色电力，那么这只股票还会属于绿色电力概念板块。

3. 地区板块

地区板块是同一个地区的上市公司股票组成的板块，比如北京地区的上市公司股票组成了"北京板块"。地区板块的股票相应地被称为"××本地股"，比如北京板块的股票被称为"北京本地股"。通常，国家或地方政府推出的区域性利好政策，对相应区域的本地股就会具有一定提振作用。

4. 风格板块

风格，是日常生活常用的词汇之一，比如服装就有古风、民族风、学院风、简约风、田园风等风格。A股的风格板块同样如此，包括不少风格，比如"中特估""宁组合""中字头""茅指数"等不同风格。简单来说，同一风格板块的股票至少具有一个共同点。

打个比方，"中字头"风格板块的共同点是股票名称以中国的"中"字开头，比如中国移动、中国铁建、中国人保、中国平安、中国石油等。

3.1.7 常见的股票"标签"

基于基本面、业绩、市值、涨跌表现等不同标准，股票会被打上不同的标签，下文简单介绍一些常见的股票"标签"。

第 3 章

股票宝库：成长与风险并存

1. 蓝筹股、白马股、成长股和潜力股

蓝筹股的英文名称为 Blue Chip Stock，其中"Blue"是指蓝色，"Chip"在科技领域是"芯片"的意思，比如手机芯片，不过在这里则是"筹码"的意思。这个词起源于西方赌场的蓝、红、白三种颜色筹码，蓝色筹码的价值最高。后来"蓝筹"一词被沿用到股市中。蓝筹股特指经营稳定、业绩优良、分红慷慨的优质上市公司股票，比如银行、电力、能源等权重板块的优质上市公司的股票。

基于公司规模或市值大小，蓝筹股主要分为一线蓝筹股和二线蓝筹股。以银行板块为例，国有商业银行、大型股份制商业银行的股票一般属于银行板块的一线蓝筹股，规模与实力稍小些的城市商业银行的股票则属于银行板块的二线蓝筹股。

业绩长期保持优秀的蓝筹股，即绩优蓝筹股，也被称为"白马股"；而一些业绩增长快速，并且保持较高增长的股票，则被称为"成长股"。在经历量变到质变的升华后，成长股往往会"华丽转身"为白马股。

一些具有远大发展前景的股票，则会被打上"潜力股"的标签。潜力股同样具有成为白马股的潜力。

从根本上讲，一只股票会是蓝筹股、白马股、还是成长股，抑或潜力股，与所属上市公司的发展密不可分。

打个比方，在刚上市时，A 公司是一家小型公司，其股票只能是茫茫股海的一只"普通股"。在上市的两三年后，A 公司发展迅速，一跃成为行业龙头公司，那么 A 公司的股票自然成为蓝筹股。

反之，如果一家公司上市时是行业翘楚，上市多年非但没有任何进步，竟然还退步了，那么对应的股票就很可能从蓝筹股一步步"沦落"为普通股。

2. 权重股、大盘股和小盘股

权重股是市值较大，对所属板块乃至 A 股市场都具有举足轻重影响的股票，也被称为"大象股"或"大盘股"。权重板块的一线蓝筹股都是常见的权重股。

其实，权重股、一线蓝筹股、大盘股与大象股，这几个标签都具有相似的意义。与大盘股相对的是"小盘股"，即市值较小的股票。通常，总市值在100亿元以内的股票，被归类为小盘股。

3. 指标股与周期股

指标股是指对所属板块或A股市场具有风向标作用的股票。

以银行板块为例，银行板块的一线蓝筹股就是指标股。一旦银行板块的指标股出现一轮强势的行情，便意味着银行板块大概率具有向好的行情。进一步讲，银行板块行情向好，则A股市场行情同样具有向好潜力，因为银行板块是A股市场的主要权重板块之一。

指标股的"指标"指的是风向标作用，而周期股的"周期"则是指经济周期，与经济周期密切相关的股票便是周期股。

在进一步讲解周期股之前，先简单介绍一下经济周期。经济周期的英文名称为Business Cycle，在英文中"Cycle"有循环的意思，而在中文中"周期"的"周"有"周而复始"的意思，两者意思相似。

经济周期就好比一面时钟，时钟的指针一圈又一圈地不停转动，有早中晚等不同时段。相应地，经济周期也有不同阶段，主要分为四个阶段：经济繁荣期、经济衰退期、经济萧条期和经济复苏期。

一般来说，在经济复苏期与繁荣期，煤炭、钢铁、有色金属、银行、保险、基建、水泥、家电、食品等行业发展向好，与经济发展趋势相匹配，因而这些行业的股票被称为"顺周期股"。与之相对的是"逆周期股"。教育培训、医疗保健、休闲娱乐等都是典型的逆周期行业，这些行业的股票便是"逆周期股"。

4. 涨停股与跌停股

涨停股与跌停股都是基于股票价格的涨跌幅限制即"涨跌停板制度"而产生的。

"涨停"指股价触达涨幅限制，涨停股即触达涨幅限制的股票。在上海证券交易所和深圳证券交易所，主板的涨停股是涨幅为10%的股票，创业板、科创板的涨停股是涨幅为20%的股票；在北京证券交易所，涨停股则是涨幅为30%的股票。

"跌停"指股价触达跌幅限制，跌停股则是触达跌幅限制的股票。在上海证券交易所和深圳证券交易所，主板的跌停股是跌幅为10%的股票，创业板、科创板的跌停股是跌幅为20%的股票；在北京证券交易所，跌停股则是跌幅30%的股票。

在实践中，若股票跳空高开，K线呈现"一"字形态的涨停情形，称为"一字涨停"或"一字涨停板"；若连续出现一字涨停，则称为"一字板连板涨停"。相反，若股票跳空低开，K线呈现"一"字形态的跌停情形，称为"一字跌停"或"一字跌停板"；若连续出现一字跌停，则称为"一字板连板跌停"。

5. 龙头股与黑马股

龙头股是形象化的表述，一般指在某一板块或概念中具有引领作用或处于领涨地位的股票。例如国有商业银行股票在银行板块中具有引领作用，属于该板块的龙头股。此外，在题材概念行情中表现强势而领涨整个概念板块的概念股，也称为龙头股。

在实践中，一些股票行情工具会在不同题材概念的股票列表中标明"龙头股"，或标明"龙一""龙二""龙三"。换言之，某一概念的龙头股可能不止一只，可能是两只或三只，但一般以三只为限，极少有"龙四"。

那些基本面平平，业绩表现不突出，通常不被看好，却突然爆发短期强势行情的股票，称为"黑马股"。

6. 牛股与妖股

在日常生活中，我们夸一个人很厉害，会称其为"牛人"；在股市中，表现很厉害的股票，则被称为"牛股"。需要注意的是，牛股没有特定的行业或概念限制，也不要求基本面优质或业绩优秀，有点儿"英雄不问出处"的意味。简单来说，只要是在一段时间或者长期向好的股票，都可以称为牛股。

进一步讲，在短期内异常强势，连续涨停，快速实现翻倍行情，厉害得有点儿超乎常理，这种异常强势的短线牛股，则会被称为"妖股"；反之，如果一只股票的表现极其差劲，就会被打上"熊股"甚至是"垃圾股"的标签。

无论是哪种标签的股票，其行情表现并非一成不变，就好比一句股市谚语："没有只涨不跌的股票，也没有只跌不涨的股票。"股票好比人生，总会有高低起伏，有高光的巅峰时刻，也会有暗淡的低谷时刻。因此，投资股票会有笑看风云的上涨阶段，也会有愁云惨淡的下跌阶段，会有高处不胜寒的顶峰，也会有否极而泰来的谷底。

7. *ST 股与 ST 股

ST 是英文"Special Treatment"（特别处理）的缩写。根据上海证券交易所发布的《上海证券交易所股票上市规则》，"上市公司股票被实施退市风险警示的，在公司股票简称前冠以'*ST'字样；上市公司股票被实施其他风险警示的，在公司股票简称前冠以'ST'字样。公司股票同时被实施退市风险警示和其他风险警示的，在公司股票简称前冠以'*ST'字样。"《深圳证券交易所股票上市规则》中同样有*ST 股与 ST 股的相关规则，由于与前面的规则相同，不再赘述。

需要注意的是，上海证券交易所与深圳证券交易所的*ST 股与 ST 股进入风险警示板交易，涨跌幅限制比例为 5%。由于风险较高，因此这两类股票并不适宜普通投资者。

3.1.8 必懂的股票术语

除了股票的标签，还应该掌握一些股票术语。下面将简要介绍炒股必懂的术语。

1. 基本面分析、政策面分析、技术面分析与资金面分析

基本面分析、政策面分析、技术面分析与资金面分析是最常见的、散户投资者容易学习与掌握的分析方法。

（1）基本面分析

基本面中的"基本"主要指影响股市或股票涨跌的基本情况，比如全球宏观经济状况、各国或地区宏观经济状况、行业或概念板块的景气度，以及上市公司的业绩表现等。对这些基本情况进行分析研究的方法就称为基本面分析。

例如，国家或地区的 GDP（Gross Domestic Product，国内生产总值）增长情况、CPI（Consumer Price Index，居民消费价格指数）与 PPI（Producer Price Index，生产者价格指数）数据情况、行业的发展现状与未来潜力、上市公司季报或年报中的业绩情况等都属于基本面分析的范畴。

（2）政策面分析

政策面分析的主要分析对象是"政策"，包括国与国之间的经贸政策、国家或地区的经济规划及经济政策、央行的货币政策、监管层的股市相关政策等。这些政策对股市或股票都可能产生影响。

例如，进出口贸易协定、粤港澳大湾区发展规划、央行降准降息、上调融券保证金比例等均属于政策面分析的内容。

（3）技术面分析

《古今医统大全》有云："望闻问切四字，诚为医之纲领。"其中，"望"主要指观察求医对象的神态、面色、体态等外在表现。股市中的技术面分析与之类似，通过综合观察 K 线走势，以及均线、MACD（Moving Average Convergence Divergence，指数平滑异同移动平均线）、成交量、换手率、量比等技术指标的表现，进而分析股市或股票的当前状态与未来趋势。

（4）资金面分析

顾名思义，资金面分析的对象是"资金"。从根本上讲，股市或股票的涨跌都是资金流动的结果。

资金好比江河之水，而股市或股票则是江河之船，水涨船高，水落船低。例如，政策面出现央行降准或降息，这样的"放水"操作会吸引增量资金流入股市，对股市而言就是利好，具有"水涨船高"的潜力；反之，央行提准或加息，这样的"收水"操作就会导致资金流动性减少，流入股市的资金相对减少，对股市就有利空效应，进而产生"水落船低"的影响。

资金面最直接的体现是股市每个交易日的成交量与成交额，这是评估投资者对股市与股票的态度与投资意愿较为直接的方式之一。通常，成交量与成交额高企，说明投资者的投资意愿强烈；反之，成交量与成交额减少，则意味着投资者的投资意愿冷淡。

除了上述四种主要分析方法，还有消息面分析、投资者心理与行为分析等。其中，消息面分析主要分析能影响股市或股票涨跌的信息与传闻。之所以没有着重讲解消息面分析，是因为消息的来源复杂，常常真假难辨。过于在意消息面，往往容易被误导。

投资者心理与行为分析主要分析投资者在投资时可能产生的恐慌、贪婪、犹豫、从众、盲目自信、悲观、乐观等心理状况，以及分析追涨杀跌、感性决策、频繁换股等行为。对散户投资者来说，这种分析听起来"虚无缥缈"，较为抽象，难以掌握，因而未被列为主要分析方法。

2. 主力、游资与散户

电影《笑傲江湖》中有句经典的台词："有人的地方，就有江湖。"股市也是江湖，股市江湖中主要的有三种人：主力、游资和散户。

拥有雄厚资金实力与专业的协作"战力"的机构投资者称为"主力"。一般来说，主力更热衷于投资绩优蓝筹股或优质潜力股，并且立足于长线投资，而非短期投机。值得注意的是，主力对股市或股票涨跌通常具有重要影响力。

资金实力远不及主力雄厚，擅长捕捉与炒作短线热点题材的短线博弈者称为"游资"。通常，在对概念龙头股的热炒之中，往往就有游资的身影。游资的资金规模小至几千万元，大至一两亿元不等，因此游资大多只会热炒流通市值相对较小的小盘股。其实，游资热衷于炒作小盘股的原因很简单，如俗语所说"船小好掉头"。

除了主力与游资，A股市场中最多的便是散户投资者。之所以称为散户，是因为其特点就是"散"，类似于"散发的个体"。

虽然散户看似没有什么优势，但是只要有一技之长，同样能赚得盆满钵满，甚至实现财务自由。在现实中，A股的"牛散"并不少见，一些知名游资也是由散户逐渐成长起来的。

3. 止盈 vs 止损

唐诗《金缕衣》有云："花开堪折直须折，莫待无花空折枝。"这两句诗所表达的道理同样适用于股票交易。当买入的股票已经产生了一定幅度的账面收益即"浮盈"时，应适时卖出，以免股票突然下跌而导致浮盈变"浮云"，就如广东俗语所说的"见财化水"。

其实，"花开堪折直须折，莫待无花空折枝"在股票交易中对应的术语就是"止盈"，英文为 Stop Profit，即"停止盈利"的意思，也就是俗语所说的"见好就收"。简单来说，当实现了预期收益目标或与预期收益目标相差不大时，就该及时止盈，而不是受贪念驱使，觉得还可以赚更多，而舍不得卖出。在变幻莫测的股市中，心怀此类贪念的投资者，往往容易因止盈不及时而遭遇"见财化水"的情形。

与"止盈"相对的就是"止损"。止盈是指买入的股票产生一定幅度的浮盈后要及时卖出，落袋为安，避免"见财化水"；而止损则是指买入的股票产生一定幅度的账面亏损即"浮亏"时，要及时卖出，避免产生更多亏损而追悔莫及。

此外，股票处于浮亏状态，也称为"被套"，浮亏的幅度从负到0，则称为"解套"。

4. 多头 vs 空头

股市的涨跌其实是多头与空头两股力量的博弈。一般来说，多头是指看好股市或者特定股票而"买买买"的市场资金集合；反之，空头就是指不看好股市或特定股票而"卖卖卖"的市场资金集合。

多头的买入行为被称为"做多";反之,空头的卖出行为则被称为"做空"。此外,上涨行情一般被称为多头行情,而下跌行情则是空头行情,从多头行情转成空头行情称为"多转空",从空头行情转成多头行情则称为"空转多"。

5. 利好 vs 利空

"好消息!好消息!"——这是摊贩或超市做宣传时的经典台词之一。人类对好消息有天然的好感,就好比对有"报喜"寓意的喜鹊格外喜爱一样。

股市投资者对好消息同样情有独钟。股市中的好消息有一个更专业的名称——"利好",别称"利多",即对多头有利。通常,有利好时,更适宜采用做多策略,一旦利好消失,就不宜继续做多了。

假设某个城市举办足球"世界杯",对"世界杯"相关的股票即"世界杯"概念股来说,就是利好。在"世界杯"的筹办过程中,利好预期仍然存在,而随着"世界杯"正式开幕的临近,利好预期就逐渐消失。

利好预期消失的情形被形容为"利好出尽",而利好出尽后,利空就出现了,即股市谚语所说的"利好出尽是利空",就如《周易》中所说的"泰极生否"。既然利好是对多头有利,那么利空就是对空头有利。通常,股市或股票出现利空时,更适宜做空或融券买跌。

俗话说"甲之蜜糖,乙之砒霜",同一事件往往会对不同类型的股票产生不同的影响。打个比方,地区争端或局部战争对需要和平稳定环境才能更好发展的股票来说是利空,而对具有避险属性的黄金股却是利好。

综上所述,对利好与利空的判断不能一概而论,而是要综合评判。

6. 顶部 vs 底部

通常,在股市或股票的大涨大跌之中,往往会产生顶部与底部。

一般而言,处于上涨态势的股市或股票,到了再也涨不动的时候,就意味着涨到顶部了，即"见顶"，也就是即将"盛极而衰"；反之，处于下跌态势的股市或股票，跌到跌不动的时候，就意味着跌到底部了，即"见底"，也就是即将"否极泰来"。

意识到股市或股票已"见顶"，最应该做的就是及时卖出持仓的股票，这种交易行为俗称"逃顶"；反之，意识到股市或股票已"见底"，就该进场"买买买"，这种交易行为俗称"抄底"。

7. 空仓 vs 满仓

有一句股谚说："会买的是徒弟，会卖的是师父，会空仓的是祖师爷。"这句话展开来说就是，徒弟级别的投资者能在合适的时机买入股票，不错过好机会；师父级别的投资者能在适当的时机止盈而卖出股票，避免"见财化水"；而祖师爷级别的投资者则能在不应该进行任何买卖操作的时候，淡然地保持空仓。

在讲解空仓之前，先解释一下股票的"仓位"。简单地说，买入股票所用的资金与证券账户本金之间的比例就是仓位。

打个比方，阿强的证券账户有 10 万元本金，用 3 万元买入了"戈多股份"，那么阿强买入"戈多股份"的仓位就是 $(3 \div 10) \times 100\% = 30\%$，即三成仓。以此类推，50%的比例是半仓，100%则为满仓，而0%即空仓。如果阿强一股也没买，证券账户上还有 10 万元，就是空仓。

除了空仓与满仓之外，根据不同的仓位程度，还有轻仓和重仓之分。一般来说，三四成仓以内视为轻仓，五六成仓以上则视为重仓。另外，证券账户持有股票的状态，称为"持仓"。

需要注意的是，股票仓位不要过于激进，不要动不动就重仓，甚至满仓操作，留有一定仓位以备不时之需更为适宜。

当轻仓买入的股票出现亏损而"被套"时，可以用剩下的仓位在低位继续买入而摊平持仓股票的成本价。这种因亏损"被套"而在后续以低于原成本价的价位继续买入同一只股票的补救式交易行为称为"补仓"。买入一只股票后，由于其上涨而继续看好，又再买入同一只股票的交易行为则称为"加仓"。

继续以阿强为例。当"戈多股份"的价格为 13.00 元时，他买入了 10,000 股。不料，买入后股价就开始下跌，跌到了 12.50 元，此时他又买入 10,000 股，这就是补仓。这样一来，阿强持仓的"戈多股份"的成本价就变成（13.00+12.50）÷2=12.75 元，比首次买入价 13.00 元低。

阿强以 13.00 元的价格买入 10,000 股"戈多股份"之后，股价一直上涨，势头很好。阿强看好它还能继续上涨，在价格为 13.30 元时又买入 20,000 股，一共持仓了 30,000 股"戈多股份"。这种交易行为便是加仓。

在数学中，有加也有减，股票交易同样如此。有加仓就有减仓，即降低股票仓位的交易行为。减仓一直减到零股，即"清仓"。

继续以阿强为例。持仓了 30,000 股"戈多股份"的阿强，看到浮盈达到了预期目标，于是在股价为 13.70 元时卖出了 20,000 股"戈多股份"，这便是减仓。

此后，阿强又在股价为 13.77 元时把剩下的 10,000 股"戈多股份"都卖出了，相当于一股不剩，这就是清仓。

8. 成交量 vs 成交额

股市或股票的成交量是指特定周期内的交易成交数量，反映股市或股票的资金进出情况，是投资者交易活跃度的体现。成交量高，说明投资者交易意愿较强；成交量低，则说明投资者交易意愿较弱。

在 A 股中，成交量的计量单位是"手"，1 手对应的是 100 股。

比如，某个交易日"戈多股份"的成交量是 3 万手，换成股就是 30,000×100=3,000,000 股，即 300 万股。

成交额是特定周期内的交易成交金额，与成交量关系密切。

$$成交额 = 成交量 \times 成交均价$$

在A股市场，成交额的计量单位是人民币的"元"。

继续以"戈多股份"为例。某个交易日"戈多股份"的成交量是3万手，成交均价是13.00元，则当日"戈多股份"的成交额是30,000×100×13.00=39,000,000.00元，即3900万元。

在实践中，无论是成交量，还是成交额，均无须投资者自己计算，股票行情工具会显示相应数值。

9. 证券交易费用

通常，A股市场的证券交易费用主要包括证券交易印花税、过户费和佣金。

证券交易印花税由国家税务部门征收，自2023年8月28日起，证券交易印花税减半征收，即按照客户卖出股票成交金额的0.5‰（万分之5）单向收取。过户费由中国证券登记结算有限责任公司收取，自2022年4月29日起，股票交易的过户费按照成交金额的0.01‰（十万分之1）双向收取。

假设阿珍用10万元买入某只股票，在买入时，阿珍需要缴纳的证券交易印花税就是100,000×0.5‰=50元。

阿珍需要缴纳的过户费是100,000×0.01‰=1元。而阿珍卖出10万元的股票时，同样需要缴纳1元的过户费。

佣金则是由证券公司收取的，最低为5元，最高不超过成交金额的3‰（千分之3），向买卖双方收取。佣金主要包括两项费用，分别是交易经手费和证管费。

自2023年8月28日起，交易经手费下调为按成交金额的0.00341%（十万分之3.41）双向收取；证管费方面则按成交金额的0.002%（十万分之2）双向收取。在实践中，证券公司的常见佣金比例有0.3‰（万分之3）、0.25‰（万分之2.5），甚至更低。

以佣金比例为 0.3‰为例，阿珍用 10 万元买入某只股票时需要支付的买入佣金是 100,000×0.3‰=30 元，卖出 10 万元的该股票时也需要支付 30 元的卖出佣金。换言之，一买一卖，阿珍需要支付的佣金是 30+30=60 元。

3.2 掌握股市的三大行情密码，乐呵呵吃香喝辣

有道是"时势造英雄"，股市同样如此。想在股市实现赚钱的预期，就必须具备对股市时势的有效认知。要看懂股市时势，就必须掌握股市的三大行情密码，如此才有机会乐呵呵吃香喝辣。

3.2.1 牛市行情

牛市行情，简称"牛市"，英文名称为 Bull Market，也称为"多头市场"。牛市是指股市保持长周期上涨趋势的行情。需要注意的是，牛市具有两大特征：其一是上涨趋势；其二是长周期，至少是一年。换言之，如果上涨行情既没有形成趋势，也谈不上长周期，就不能被称为牛市，只能算短期上涨行情或波段上涨行情。

A 股有史以来涨幅超过 100%且周期超过一年的 5 轮牛市，如表 3-4 所示。

表 3-4　A 股过往的 5 轮牛市

序	牛市名称	起点点位与时间	终点点位与时间	周期	累计涨幅
1	1429 点牛市	95.79 点 1990 年 12 月 19 日	1429.01 点 1992 年 5 月 26 日	一年半左右	超过 1391%
2	1510 点牛市	512.83 点 1996 年 1 月 19 日	1510.17 点 1997 年 5 月 12 日	将近一年零四个月	超过 194%
3	2245 点牛市	1047.83 点 1999 年 5 月 17 日	2245.43 点 2001 年 6 月 14 日	将近两年	超过 114%

续表

序	牛市名称	起点点位与时间	终点点位与时间	周期	累计涨幅
4	6124点牛市	998.23点 2005年6月6日	6124.04点 2007年10月16日	两年零四个月	超过513%
5	5178点牛市	1849.65点 2013年6月25日	5178.19点 2015年6月15日	将近两年	将近180%

其中，最强劲的是早期的1429点牛市，累计涨幅超过1391%，这是让第一代股民津津乐道的牛市。2245点牛市是横跨20世纪与21世纪的牛市，股民在见证2000年"千年之交"的同时，也见证了上证指数突破2000点的历史时刻。上涨点位最高的则是6124点牛市。

简单回顾A股史上的5轮牛市后，投资者可能有疑问："什么时候会出现牛市？"下面我们就来了解牛市密码。

1. 基本面：经济景气度高

人们常说"股市是经济的晴雨表"，我们套用网络流行语"你若安好，便是晴天"，也可以说"经济安好，股市便是晴天"。换言之，经济发展积极向好，保持上行趋势，GDP等核心数据均保持向好的增长势头，通胀率与失业率维持在合理水平，工商业发展良好，如此种种情形对股市来说，就具备催牛牛市的基本面驱动力。

通常，在经济触底时，股市的牛市就开始萌芽了。进入经济复苏期，牛市则开启逐步推进模式。换言之，牛市并非到了经济繁荣期才启动。

2. 政策面：利好的提振政策

国家层面推出支持经济发展或与股市相关的重大利好政策，就是铸造牛市的政策面驱动力。在A股中，与政策息息相关的牛市称为"政策牛市"，俗称"政策牛"。

比如，2005年8月23日发布的《关于上市公司股权分置改革的指导意见》就是A股6124点牛市的政策面驱动力。

此外，央行施行宽松的货币政策，有助于提高股市的资金活跃度，提升投资者信心，同样属于牛市的政策面驱动力。

3. 资金面：低利率环境

央行施行宽松的货币政策属于牛市的政策面驱动力之一，而央行确立低利率环境同样有助于股市上涨及牛市的形成，后者属于资金面驱动力。简单来说，低利率环境意味着投资者的融资成本相对低。

在低利率环境下，银行定期存款、大额存单等理财工具的投资回报率较低，投资者为了寻求更高的投资回报，就会倾向于选择具有高收益预期的股市。换言之，低利率环境会促使投资者入市炒股的意愿更强烈，会有更多投资者进入股市，进而给股市带来更多增量资金，对股市上涨与牛市的形成产生关键的助推作用。

需要注意的是，基本面、政策面、资金面这三方面的驱动力，并非割裂的，而是相辅相成的。当三方面形成有效共振时，就能大概率铸造出牛市。

综上所述，在牛市时，应立足中长线策略，着重筛选煤炭、钢铁、有色金属、银行、保险、基建、水泥、家电、食品等顺周期行业的绩优龙头股或优质潜力股，并坚定持股，而不是频繁换股。既然牛市行情已定，就没必要来回折腾，安心持有优质股票便可。

3.2.2 熊市行情

熊市行情，简称"熊市"，英文名称为 Bear Market，也称为"空头市场"。熊市是指股市保持长周期下跌趋势的行情。需要注意的是，熊市同样也具有一年以上的长周期特征，短期下跌行情或波段下跌行情不能被视为熊市。

回顾往昔，A股市场曾有过两次跌幅超过70%且周期超过一年的熊市。其一是325点熊市，从1993年2月16日的1558.95点跌至1994年7月29日的325.89点，历时超过一年半，累计跌幅超过79%；其二是1664点熊市，从2007年10月16日的6124.04点跌至2008年10月28日的1664.93点，历时超过一年，累计跌幅超过72%。

通常，熊市的开启意味着牛市的结束。A 股的 325 点熊市始于 1558 点牛市的终结，1664 点熊市则是始于 6124 点牛市的终结，此现象说明牛市与熊市具有交替性。

股市的牛熊市与经济周期的关系密切，A 股的 1664 点熊市恰好发生于 2008 年全球经济危机前后，当时全球股市皆陷入"熊市寒冬"。换言之，全球经济低迷，股市出现熊市的概率就远高于出现牛市的概率。因此，如果全球经济周期仍处于衰退期或萧条期，股市出现牛市的概率微乎其微；反之，如果全球经济触底，或进入复苏期，则牛市的到来就是水到渠成的事情。

一般而言，在牛市时，赚钱效应显著，如果投资者着重布局优质的顺周期股，大概率能收获累累硕果；反之，在熊市时，赚钱效应较弱，对实战能力仍不足的投资者来说，应该尽量减少操作，甚至空仓更为适宜。

话说回来，赚钱效应较弱并不意味着完全没有赚钱机会。既然在牛市时着重选择优质的顺周期股，反过来说，在熊市时则可以侧重配置优质的逆周期股。另外，在熊市时采用融券买跌策略，布局普跌状态的两融股票，同时布局股指期货的空单与期权的认沽期权，同样有大概率的胜算。

3.2.3 震荡市行情

震荡市行情的英文名称为 Sideways Market，简称"震荡市"。震荡市是指涨跌不定、方向不明、横盘震荡的结构化行情。牛市和熊市都是用动物来比喻股市行情的，那么震荡市应当是上蹿下跳的"猴市"。

股市处于震荡市时，经济状态大概率是三个字——"不明朗"。既没有明确的复苏迹象或上行趋势，又没有明朗的衰退迹象或下行趋势，如同"雾里看花"一般。

在不明朗的状态下，投资者态度出现分歧，既有看好的，也有看衰的。这样一来，多空力量对峙，就难以出现单边行情，既不会单边上涨，也不会单边下跌，而是"你方唱罢我登场"，上涨一段时间，又下跌一段时间，如此交替，来回折腾。

震荡市看似扑朔迷离，却并非毫无章法，而是有迹可循。震荡市最大的运行特征便是"箱体震荡",即在箱体的箱顶与箱底之间震荡起伏。换言之,掌握震荡市的"箱体震荡"规律,确认箱顶与箱底,依照震荡起伏的节奏,采用短线策略,便能吃到震荡市的"好果子"。

简单来说,在震荡市,应轻仓博弈处于"箱体震荡"状态且交投(即买卖交易)活跃度高的股票。

3.3 看懂K线图,掌握六大利器,快速甄别股票牛熊

"K线"一词源于日本德川幕府时代,当时的日本米商绘制蜡烛状的"罫線"(日语,原意为"线条"),用于记录米价涨跌,后来"罫線"这个词被沿用于金融市场。由于"罫線"形似蜡烛,因此被称为"蜡烛线",英文名称为Candlestick Chart。"罫線"的日语读音是"けいせん"(keisen),与中文"K线"的读音相似,因而音译为"K线"。

在国际金融市场中,K线分别以绿色的阳线(Bullish Candlestick)与红色的阴线(Bearish Candlestick)表示行情涨跌。基于文化习俗,在A股中,用喜庆的红色表示行情上涨,用绿色表示行情下跌。换言之,A股K线的阳线用红色表示,阴线用绿色表示。通常,如果当日行情上涨,则用空心阳线表示;反之,则用实心阴线表示。

以阳线为例,阳线的"脚底"表示股票当日的最低价,"头顶"表示当日的最高价;阳线空心四方形的"底边"表示当日的开盘价,"顶边"表示当日的收盘价;空心四方形的高度则表示当日涨幅的大小,不同幅度的涨幅对应的阳线有阳十字星、小阳线、中阳线、长阳线等。

阴线的"脚底"与"头顶"同样分别表示股票当日的最低价与最高价。不过,阴线的实心四方形则与阳线的空心四方形相反,其"顶边"表示股票当日的开盘价,"底边"表示股票当日的收盘价。实心四方形的高度则代表当日跌幅的大小,不同幅度的

跌幅对应的阴线有阴十字星、小阴线、中阴线、长阴线等。

根据时间周期的不同，K线主要分为日K线、周K线、月K线、年K线等，分别简称为日线、周线、月线、年线。K线细到分钟级别，则主要分为分时线、5分钟线、15分钟线、30分钟线、60分钟线。

由一根根K线组成的图表便是"K线图"。在股票行情工具中，显示K线图的窗口称为"主图"，在主图下方显示成交量、MACD等技术指标的窗口则称为"副图"。

在简单了解K线的基础知识后，我们接下来学习有助于甄别股票牛熊的六大利器。

3.3.1 均线

均线是移动平均线（Moving Average，MA）的简称，由美国投资专家约瑟夫·格兰维尔（Joseph Granville）在1962年率先提出。时至今日，均线依然是常用的技术指标之一。

在特定的交易日周期内，股市指数或股票价格的不同移动均值连成线则形成相应的均线。其中，不可忽视的关键是"移动"。换言之，均线的特定周期并非固定周期，而是动态周期。

打个比方，5日均线的"5日"指的是动态的5日，比如3月1日到3月5日是第一个5日周期，3月2日到3月6日是第二个5日周期，3月3日到3月7日则是第三个5日周期，以此类推。

常见的均线周期主要包括MA5、MA10、MA20、MA30、MA60、MA120、MA250。在日K线形态下，它们对应的含义是5日均线、10日均线、20日均线、30日均线、60日均线、120日均线、250日均线。其中，5日均线与10日均线被视为"短期均线"，30日均线与60日均线被视为"中期均线"，120日均线与250日均线则被视为"长期均线"。此外，120日均线与250日均线又分别被称为"半年线"与"年线"。

在股票行情工具中，可以自行设置均线对应的时间周期。我个人习惯于将均线设置为 MA7、MA12、MA22、MA52、MA77、MA120、MA250，即 7 日均线、12 日均线、22 日均线、52 日均线、77 日均线、120 日均线、250 日均线。

不同均线之间具有三种状态，分别是均线相交、均线相离与均线相接。

1. 均线相交

均线相交是指均线相互交叉的情形。均线相交时形成的点称为"叉"。根据均线趋势的不同，"叉"又分为"金叉"与"死叉"。其中，"金叉"是指趋势向上的均线形成的"叉"，属于技术利好信号；反之，"死叉"则是指趋势向下的均线形成的"叉"，属于技术利空信号。

2. 均线相离

均线相离是指均线不相交的情形。有两种均线相离的情形值得留意，第一种是多头排列，第二种是空头排列。

多头排列的关键特征是"短上长下"，即短周期均线在上，长周期均线在下，依次排列。通常，均线的多头排列表示行情趋势向好。比如 MA5、MA10、MA120、MA250 依次排列，这是多头排列的常见形态之一。

空头排列与多头排列相反，关键特征是"长上短下"，即长周期均线在上，短周期均线在下，依次排列。通常，均线的空头排列意味着后市行情趋弱。比如 MA250、MA120、MA10、MA5 依次排列，这是空头排列的常见形态之一。

3. 均线相接

均线相接是指均线无限接近的相离状态。通常，均线相接具有两大确认作用：一是上涨行情状态的技术回踩确认，表明经过正常的技术回踩后，股票将重启上涨模式；二是下跌行情状态的技术反抽确认，表明股票跌势并未改变，后市仍有继续下跌的风险。

了解均线常识后，再来看看均线的实战技巧，即"均线七技巧"。为了便于大家掌握，我把它们写成易学易记的"打油诗"。

1. 均线纠结又交错，持币静待少哆嗦

如果股市或股票的均线持续处于纠结又交错的情况，适宜的交易方式就是四个字——空仓持币。换言之，暂时不要进场交易，耐心静待更好的机会，以免遭遇震荡下行的破位行情。

2. 均线扭头齐下拐，耐住躁动别急买

一旦发现原本向上的均线都扭头下拐，如果尚未进场，切记按捺住进场买股的躁动之心，因为此时还不是买入的合适时机。千万别心急，这种时候心急往往会吃大亏。

3. 均线拐头齐上爬，回踩逢低吸筹码

经过低位的持续盘整，即在低位持续震荡整理后，如果均线都出现拐头上爬的情形，意味着行情即将转多而启动上攻模式，在震荡回踩时逢低买入，吸纳低位的筹码较为适宜。

4. 均线默契齐走平，后市将要飙行情

历经持续的低位盘整，均线横向走平，表明"横有多长，竖有多高"的反弹行情即将飙起来，此时最宜逢低布局。

5. K线强势穿均线，果断进场莫等闲

均线横向走平，突然出现放量K线，并且强势上穿了均线，表明一轮攻势启动前的进场机会出现了。此时应果断进场，而不是虚度时间。

6. K线弱势破均线，逢高离场避下潜

均线拐头向下，说明行情本就疲软，而此时又出现了K线弱势下跌且跌破均线的情况，因此逢高离场更安全，以免因后市行情继续"跳水"而导致连连亏损。

7. 一阳强劲穿四线，盆满钵满多赚钱

均线持续横向走平，出现放量 K 线，并且连续上穿了 4 根均线，说明强劲的反弹攻势即将启动，此时逢低布局将有可能赚得盆满钵满。

3.3.2 成交量

成交量，英文名称为 Volume，是指特定周期内的交易成交数量。股票行情工具除了会显示成交量数值，还会在副图中呈现成交量图，以两条曲线与红绿柱相结合，反映成交量的动态变化。其中，两条曲线是成交量"均线"，红绿柱则是成交量"量柱"。

1. 成交量"均线"

在成交量图中，当日的成交量情况以"VOLUME：成交量数值+上下箭头"的形式体现。

打个比方，某交易日"戈多股份"成交量图表显示"VOLUME：52000.000↑"，就表明当日其成交量是 52000 手，"↑"表示对比前一交易日，成交量上升，即"放量"了；反之，"↓"则表示对比前一交易日，成交量下降，即"缩量"了。

成交量图上的两条曲线代表成交量的"均线"。一般用 MAVOL1 与 MAVOL2 来表示两条成交量"均线"的均值。其中，MAVOL1 代表 5 日成交量的均值，MAVOL2 则代表 10 日成交量的均值。

2. 成交量"量柱"

成交量"量柱"的红绿与行情涨跌相对应，当日行情上涨，对应红色量柱；反之，则对应绿色量柱。其中，红色量柱称为"红柱"或"阳柱"，绿色量柱称为"绿柱"或"阴柱"。

成交量放量的体现形式是量柱高于前一交易日的量柱。基于放量幅度的不同，放量主要分为 5 种情形，分别是小幅放量、温和放量、大幅放量、巨量放量和天量放量。

需要注意的是，放量情形并没有特定的放量幅度标准，而是相对的。表 3-5 总结

了 5 种放量情形对应的放量幅度范围。

表 3-5 5 种放量情形及放量幅度范围

序号	放量情形	放量幅度范围
1	小幅放量	0<放量幅度<10%
2	温和放量	10%≤放量幅度<30%
3	大幅放量	30%≤放量幅度<50%
4	巨量放量	50%≤放量幅度<100%
5	天量放量	放量幅度≥100%

成交量缩量的体现形式是量柱低于前一交易日的量柱。基于缩量幅度的不同，缩量主要分为 5 种情形，分别是小幅缩量、温和缩量、大幅缩量、巨量缩量与地量缩量。表 3-6 总结了 5 种缩量情形对应的缩量幅度范围。

表 3-6 5 种缩量情形及缩量幅度范围

序号	缩量情形	缩量幅度范围
1	小幅缩量	0<缩量幅度<10%
2	温和缩量	10%≤缩量幅度<30%
3	大幅缩量	30%≤缩量幅度<50%
4	巨量缩量	50%≤缩量幅度<100%
5	地量缩量	缩量幅度≥100%

在实践中，成交量是与"价"结合使用的，即"量价"结合分析。"价"主要指的是股市指数的收盘价或股票的收盘价。根据不同的成交量状态与收盘价涨跌情形，"量价"的搭配主要分为 4 种常见情形，分别是放量上涨、缩量上涨、放量下跌与缩量下跌。

1. 放量上涨

放量上涨是成交量放量同时收盘价上涨的情形。

以股市指数为例，假设某交易日某指数的收盘价上涨了 52.00 点，成交量比前一交易日增加了 52 亿元，这种情形就属于"放量上涨"。

再以股票为例,假设某交易日"戈多股份"上涨了5.20%,成交量比前一交易日增加了12亿元,这种情形同样属于"放量上涨"。进一步讲,假设"戈多股份"收盘价涨停,成交量放量了,这种情形相应地被称为"放量涨停"。

股市指数的放量上涨情形还可细分为放量上涨与放量大涨;股票的放量上涨情形还可细分为放量上涨、放量大涨与放量涨停。

2. 缩量上涨

缩量上涨是成交量缩量同时收盘价上涨的情形。

与放量上涨的细分情形类似,股市指数的缩量上涨情形可细分为缩量上涨与缩量大涨;股票的缩量上涨情形可细分为缩量上涨、缩量大涨与缩量涨停。

3. 放量下跌

放量下跌与放量上涨的成交量都是放量,区别是前者收盘价是下跌的。同理,股市指数的放量下跌情形可细分为放量下跌与放量大跌;股票的放量下跌情形可细分为放量下跌、放量大跌与放量跌停。

4. 缩量下跌

缩量下跌是成交量缩量同时收盘价下跌的情形。同理,股市指数的缩量下跌情形可细分为缩量下跌与缩量大跌;股票的缩量下跌情形可细分为缩量下跌、缩量大跌与缩量跌停。

掌握了成交量常识后,接下来再进阶学习股票成交量的实战技巧——"成交量九招"。这里同样采用易懂易记的"打油诗"来介绍。

1. 量缩却价升,持股别迷瞪

股票处于上升趋势,成交量在持续缩量,股价却在逐步抬升,这种情况属于"量价背离",往往表示股价还有上涨潜力。因此,不用疑惑不解,安心持股便可。

2. 量缩且价跌，卖出少咧咧

股票处于下行趋势，成交量在缩量，股价在下跌，这种情况属于"量价齐跌"，表明股价仍有继续下跌的风险。此时适宜逢高果断卖出，避免造成更多亏损。

3. 量增价跌在低位，持股观望免卖飞

成交量在持续增加，股价却在下跌，如果这种情况恰好出现在持续下跌后的技术低位，则属于"量价背离"中的"底背离"，往往是即将见底且要启动反弹模式的信号。此时更适宜继续耐心持股，以免出现卖出之后股票却持续大涨的"卖飞"情形。

4. 量增又价升，买入等飞腾

成交量持续增加，股价持续上升，这种齐头并进的情形称为"量价齐飞"，通常预示着股价仍有上涨潜力。此时更适宜进场逢低买入，以便把握飞腾般的反弹行情。

5. 量缩价升在高位，逢高清仓免大亏

成交量持续缩量，股价却在上升，如果恰好处于持续上涨后的技术高位，则属于"量价背离"的"顶背离"，往往是即将见顶的信号，随之而来的将是下跌模式。此时更适宜逢高清仓，避免遭遇大亏情形。

6. 量增价平在低位，行情向好有机会

成交量持续增加，温和放量，股价却持续在低位横盘震荡，预示着即将启动"横有多长，竖有多高"反弹行情。换言之，进场布局的好时机已经到来。

7. 量缩又价平，小心且慎行

成交量持续缩量，并且股价持续横盘震荡，释放了"横久必跌"的下跌征兆。此时要小心谨慎，若尚未进场，则先不要进场；若已持仓，则更适宜逢高减仓或清仓。

8. 量平价升在低位，逢低吸筹别后退

成交量均线平整，横盘震荡，股票处于一轮下跌行情后的技术低位，股价震荡上

升，表明仍有继续震荡上涨的潜力。此时更适宜逢低吸筹，而不是逢高卖出或后退离场。

9. 量平价升在高位，小心谨慎快撤退

成交量持续横盘起伏，成交量均线平整，股价震荡上升，逐步接近前期高点压力位，表明具有受阻见顶的风险。此时必须小心谨慎，更适宜逢高卖出，赶紧离场。

3.3.3 MACD 指标

MACD 指标是美国投资家杰拉德·阿佩尔（Gerald Appel）在 1979 年首创的技术指标。MACD 的英文全称是 Moving Average Convergence Divergence，中文为"指数平滑异同移动平均线"。

在股票行情工具中，MACD 位于副图区，展示的内容主要包括"零轴""两柱""两线"。

1. 零轴

"零轴"或"0 轴"，英文名称为 Zero Line。零轴是 MACD 的中轴线，被视为 MACD 的分水岭，零轴上方为正值区域，俗称为"水上"；零轴下方为负值区域，俗称为"水下"。

2. 两柱

"两柱"即 MACD 红绿柱，又称为"MACD 阴阳柱"。位于零轴上方的是 MACD 红柱，位于零轴下方的则是 MACD 绿柱。

通常，MACD 红柱代表多头力量。红柱的柱体持续变长，说明多头力量逐渐增强；当持续变长的红柱突然不再变长，反而逐步缩短时，意味着多头力量开始减弱。

MACD 绿柱是空头力量的代表，绿柱的柱体持续变长，说明空头力量逐渐增强；当持续变长的绿柱突然不再变长，反而逐步缩短时，则意味着空头力量开始减弱。

3. 两线

"两线"即 DIF 线和 DEA 线。"DIF"代表 Difference，DIF 线的意思是"偏离线"，又称为"DIF 快线"。"DEA"代表 Difference Exponential Average，DEA 线的意思是"平滑移动均线"，也称为"DEA 慢线"。

在实践中，DIF 快线与 DEA 慢线会出现相交的情形，与均线类似。其交点也称为"叉"，同样分为"金叉"与"死叉"，为了与其他指标区分，一般称为 MACD 金叉和 MACD 死叉。

（1） MACD 金叉

下方的 DIF 快线向上运行，穿过了上方的 DEA 慢线，两线相交形成的叉就是 MACD 金叉。易记的口诀是"下快穿上慢，是金叉"。

通常，MACD 金叉出现在技术低位，体现与确认了下跌行情止跌见底，表明行情将由跌势转向涨势。换言之，即将"空转多"。此外，DIF 快线与 DEA 慢线都在零轴上方，并且 DIF 快线向上突破 DEA 慢线，形成 MACD 金叉，意味着进场信号出现了。

（2） MACD 死叉

上方的 DIF 快线向下运行，跌穿了下方的 DEA 慢线，两线相交形成的叉就是 MACD 死叉。易记的口诀是"上快破下慢，是死叉"。

一般来说，MACD 死叉出现在技术高位，体现与确认了上涨行情见顶，表明行情将由涨势转向跌势。也就是说，即将"多转空"。此外，DIF 快线与 DEA 慢线都在零轴下方，并且 DIF 快线向下跌破 DEA 慢线，形成 MACD 死叉，说明出局信号已出现。

在实践中，MACD 的"两柱"与"两线"搭配使用，可以提高实战胜率。下面就介绍"两柱"与"两线"搭配使用的"MACD 四口诀"。

1. 金叉出现快压慢，绿消红升要反弹

DIF 快线上穿 DEA 慢线形成金叉，并且 DIF 快线压制 DEA 慢线，持续攀升；与此同时，MACD 绿柱消失，红柱逐步变长，表明多头力量开始反弹，因此适宜逢低吸筹。

2. 死叉出现慢压快，红消绿长别急买

DIF 快线跌穿 DEA 慢线形成死叉，并且 DEA 慢线压制 DIF 快线，持续下潜；与此同时，MACD 红柱消失，绿柱逐步变长，表明空头力量占据上风。此时如果尚未进场，千万别着急进场买股票，应持币观望，以免一进场就"被套"。

3. 金叉出现绿柱缩，逢低吸筹别蹉跎

DIF 快线在低位上穿了 DEA 慢线，形成了"低位金叉"，MACD 绿柱在历经持续变长阶段后逐渐缩短，表明行情即将止跌企稳而开启反弹模式。此时更适宜果断进场，逢低吸筹，而不是虚度光阴，错失良机。

4. 死叉出现红柱缩，逢高出局赶紧做

DIF 快线在高位跌穿 DEA 慢线而形成了"高位死叉"，MACD 红柱在经历持续变长阶段后逐步缩短，表明上涨行情即将见顶，有转入空头行情的风险。此时更适宜赶紧逢高出局，而不是犹豫不决。

3.3.4 KDJ 指标

KDJ 指标，英文名称为 KDJ Indicator，是美国金融大师乔治·莱恩（George Lane）基于"随机指标"（Stochastic Indicator）首创的技术指标，简称 KDJ。

KDJ 主要包括 3 个"三"，分别是"三价""三值""三线"。其中，"三价"是指股市指数或股票的最高价、最低价、收盘价。以"三价"为基础，计算得出"三值"：K 值、D 值、J 值。这三个值在不同位置的点分别连成的线便是"三线"：K 线、D 线、J 线。"三线"相交分为"两叉"。

1. KDJ 三值

KDJ 三值的数值模式具有以下特点：K 值和 D 值的数值在(0, 100)区间；J 值的数值波动较大，既可在(0, 100)区间，又可大于 100 或小于 0。此外，50 是 KDJ 三值的数值中轴。通常，数值大于 50，表示多头占上风；反之，数值小于 50，表示空头占上风。

KDJ 三值在不同的数值范围代表不同的信号，适宜采用不同的策略。表 3-7 总结了主要的 3 种数值情况。

表 3-7 KDJ 三值的 3 种数值情况

序号	数值情况	区域	信号	适宜策略
1	KDJ 三值小于 20	超卖区域	有反弹潜力	逢低吸筹
2	KDJ 三值大于 80	超买区域	有见顶风险	逢高出局
3	KDJ 三值在 20 与 80 之间	纠结区域	震荡反复，走势不明朗	耐心观望

2. 两叉

在动态运行过程中，KDJ 三线相交的情形分为"两叉"，分别是 KDJ 金叉和 KDJ 死叉。

（1）KDJ 金叉

D 线、K 线、J 线自上而下排列，三线昂首向上，相交而形成 KDJ 金叉。易记的口诀是"DK Jump，是金叉"。以字母 J 开头的英文单词"Jump"有"跳跃"的意思，用 Jump 代表 J 线，体现了 KDJ 金叉向上的特征。一般来说，KDJ 金叉预示股市具有上涨潜力。

（2）KDJ 死叉

J 线、K 线、D 线自上而下排列，三线拐头向下，相交而形成 KDJ 死叉。易记的口诀是"JK Dive，是死叉"。以字母 D 开头的英文单词"Dive"代表 D 线，Dive 除了有"下跌"的意思之外，还与英文"Die"（意为"死亡"）谐音，因此用来表示"死叉"。通常，KDJ 死叉表明股市将有下跌风险。

接下来，我们聊一聊KDJ"两叉"的实战技巧。

对于KDJ金叉，有两种情形值得留意：其一是低位金叉，其二是中位金叉。

1. 低位金叉

K、D、J的数值在20以内，此时KDJ三线相交形成的金叉称为"低位金叉"。如果当日收涨，K线是阳线，意味着"幸福来敲门"，反弹行情要来临；与此同时，如果成交量放量，这种放量上涨情形确立的"低位金叉"则更金贵，表示反弹模式启动的力量相对更大，适宜逢低吸筹。

需要注意的是，KDJ三线的斜角越大越好。简单来说，斜角越大，坡度越陡峭，股市反弹的概率就越大。

2. 中位金叉

K、D、J数值在30至80之间，此时KDJ三线相交形成的金叉称为"中位金叉"。如果当日收涨，K线是阳线，则意味着股市仍有反弹潜力，如果中位金叉恰好出现在横盘震荡阶段，则意味着股市可能即将突破箱体阻力，适宜逢低吸纳筹码。

KDJ金叉主要用于判断进场时机，而KDJ死叉则用于判断出场时机。当出现如下两种KDJ死叉情形时，要特别小心。

1. 高位死叉

K、D、J数值接近80或在80以上，此时KDJ三线相交形成的死叉称为"高位死叉"。如果当日收跌，K线是高位阴线，这种情形具有风险警报的意味，表示反弹行情可能即将终结，更适宜逢高出局。

2. 中位死叉

K、D、J数值在30至80之间，此时KDJ三线相交形成的死叉称为"中位死叉"。如果当日收跌，K线是阴线，意味着股市有见顶风险，若K线恰好是长上影阴线，那么见顶的概率更大。显然，此时及时逢高出局是明智的选择。

3.3.5 换手率

换手率的英文名称为 Turnover Ratio，由于"Turnover"有周转的意思，因此换手率也称为"周转率"。股市中的换手率特指特定周期内股票被转手买卖的频率，用于评估股票流通性。

假设阿强把手里的 100 股"戈多股份"卖出，阿珍则买入了 100 股"戈多股份"，股票从阿强手里换到了阿珍手里，这样的现象就叫作"换手"。

有很多投资者在交易股票，股票因此会被持续换手。为了衡量股票交易的活跃度，换手率就这么产生了。

换手率的计量单位是百分比，依据四舍五入原则，精确到小数点后两位。换手率的计算公式是：

$$换手率 = （成交量 \div 流通股本）\times 100\%$$

打个比方，"戈多股份"在某个周一的成交量是 20 万手，流通股本是 10 亿股，那么，"戈多股份"的换手率是多少呢？先把成交量 20 万手折换成股票数量，即 20 万×100=2,000 万股=0.2 亿股，再进一步计算"戈多股份"的换手率，即(0.2÷10)×100%=2.00%。

股票行情工具会直接显示换手率，无须投资者自行计算。下面讲述股票（非新股）换手率的实战技巧——"换手率四情形"。

1. 换手率低于 3.00%

股票的换手率低于 3.00%，说明交易活跃度较低迷，一般称为"交投低迷"，表明市场资金的交易意愿不高。

通常股票处于横盘震荡状态时，时常出现换手率低于 3.00%的情况。如果在换手率低于 3.00%时买入股票，必须具有足够的持股耐心，因为横盘震荡往往会持续几个月，甚至更长时间。换言之，如果立足短线交易，则不适合布局此类股票。

以上是通常的情况，还有特殊的情况，那就是"一字板连板涨停"。部分"一字板连板涨停"的股票，换手率低于3.00%，在1.00%以内，甚至在0.50%以内。不过，这对于在一字涨停前未进场布局的投资者来说，没有实际意义，因为无法再进场买入，只剩下看热闹的份儿。

2. 换手率在3.00%~7.00%区间内

一般来说，如果股票的换手率在3.00%~7.00%区间内，说明短线交投较活跃，较适合短线交易。换言之，对于热衷短线博弈的投资者来说，应该优先选择此类股票。

3. 换手率在7.00%~10.00%区间内

通常，股票换手率在7.00%~10.00%区间内，说明股票交投相当活跃，筹码换手节奏较快。如果这时股票又恰好处于技术高位，则往往是资金出货的信号。换言之，对于此类股票，敬而远之是更明智的做法，若不管不顾地进场，恐怕是"飞蛾扑火"。

4. 换手率高于10.00%

当股票换手率高于10.00%时，投资者必须格外小心谨慎，尤其是对于在技术高位的股票。即使股票在高位回调了不小幅度，投资者也不要轻易进场布局"博反弹"，因为这时股票继续下跌的概率远大于反弹的概率。

话说回来，如果股票换手率高于10.00%，甚至超过20.00%，却处于技术低位，并且成交量持续放量，则说明市场资金持续吸筹的概率较大，意味着股票有震荡上行的潜力。

3.3.6 量比

量比，即成交量之比，英文名称为Volume Rate of Change（VROC）。量比是指当期的成交量与过去某周期的成交量之比，用于评估交易成交情况与交投活跃度，以便判断后市行情的趋势。量比的计量单位是"倍"，依据四舍五入原则，精确到小数点后两位。比如，某个交易日"戈多股份"的量比是5.20倍。

下面介绍我自己总结的量比实战技巧——"量比六情形"。

1. 量比<0.50 倍

股票的量比小于 0.50 倍时，通常表明股票处于控盘资金高度控盘状态。如果还伴随着交投非常低迷的缩量情况，则表明控盘资金出货概率相对较小；如果此时并非处于技术高位，则意味着仍有继续上涨的潜力，此时较适宜持股待涨或逢低吸筹。

2. 1.50 倍<量比<2.50 倍

股票的量比在 1.50 与 2.50 倍之间，在这种情况下，如果股票的均线转多或呈现多头排列，表示处于技术趋势向上的状态，后市仍有上涨的潜力，此时同样适宜持股待涨或逢低吸筹。

反之，如果均线呈现空头排列，意味着处于技术趋势向下的状态，后市仍有下跌的风险，此时更适宜谨慎观望或逢高出局。

3. 2.50 倍<量比<5.00 倍

股票的量比在 2.50 与 5.00 倍之间，若此时恰好突破了前期的技术阻力，则意味着后市依然有继续上涨的潜力，投资者如已布局，则适宜持股待涨。

4. 5.00 倍<量比<10.00 倍

股票的量比在 5.00 与 10.00 倍之间，若此时恰好处于长期横盘震荡的技术低位，则表示股票具有启动反弹模式的潜力，此时适宜逢低吸筹或持股待涨。

5. 量比>10.00 倍

股票的量比大于 10.00 倍时，尤其是在技术高位时，必须小心谨慎。这种情况往往释放的是反弹即将终结的危险信号。因此，投资者此时如已布局，则应该及时逢高出局，而非进场买入或持股待涨。

反之，如果股票处于长周期下跌行情后的技术低位，而且量比突发式增至 10.00

倍以上，则不用太担忧。这种情况不是危险信号，而是空头已到强弩之末的积极征兆，预示下跌趋势即将结束，并将迎来"空转多"的反弹行情。

6. 量比>20.00 倍

股票的量比大于 20.00 倍时，在不同技术位置具有不同的意义。

如果处于技术高位，则表明反弹终结或见顶的概率相当大，此时投资者如已布局，则较为适宜逢高出局。

如果处于长周期下跌行情后的技术低位，则意味着底部将至的概率非常大。换言之，下跌走势即将止跌，并将启动底部反弹模式。

总之，通过股票量比判断后市行情时，不宜单一判断，综合股票所处的技术位置综合分析，准确率会更高。

3.4 从业绩到估值：高效筛选股票的十大核心财务指标

A 股市场有几千家上市公司，遍布祖国大江南北。对散户投资者来说，要对不同上市公司做实地调研较难也不现实。散户投资者更容易实现的是"线上调研"，即通过线上信息调研上市公司。上市公司的财务报表就是最关键的调研信息。

然而，上市公司的财务报表纷繁复杂，对于许多非财务会计相关专业出身或并不从事财务会计相关行业工作的投资者来说，虽然财务报表上的字都认识，但是这些字组成的专业词汇，或许是"最熟悉的陌生人"。

上市公司的财务报表主要包括利润表、现金流量表与资产负债表，这三张表包含大大小小上百种财务指标，乍一看，确实相当唬人。其实，对散户投资者来说，掌握与股票实战紧密相关的财务指标便可，无须深究所有财务指标。

我总结的财务报表分析策略就是看懂该懂的十大核心财务指标即可。可以记住一句顺口溜："一商二利，三每四率。"

其中，"一商"指商誉；"二利"指归母净利润和扣非净利润；"三每"指每股收益、每股净资产和每股未分配利润；"四率"则是指市盈率、市净率、毛利率和净资产收益率。

3.4.1 "一商"：商誉

在财报季，时有上市公司因商誉问题而"爆雷"。在实践中，对于会导致"爆雷"的商誉，很多新手投资者摸不着头脑，就算是有些老投资者，对商誉也知之甚少。接下来，我们一起好好认识一下商誉。

1. 什么是商誉

商誉的英文名称为 Goodwill。在中文中，与"誉"相关的词汇有"名誉""信誉"等，褒义词有"享有盛誉"等，可见商誉是指一种好的信誉或良好口碑。

从概念上讲，商誉是指在过去的时间内为企业经营带来超额利润的资本化价值。比如，A 公司是一家商誉优良的上市公司，上佳的口碑对 A 公司的业务有积极的助推作用。简单来说，人们都更愿意和口碑好的公司做生意，生意多了，利润自然会增加，这就是商誉给 A 公司带来的"超额利润"。

2. 商誉是如何得来的

通常，上市公司的商誉产生于对其他公司的并购。简单来说，"有并购则有商誉，无并购则无商誉"。有商誉的上市公司会在财务报表的"资产负债表"中列明商誉的数值。

商誉的计算方法是并购时的投资成本减去被并购公司的净资产，即

$$商誉 = 投资成本 - 净资产$$

比如，C 公司在 2022 年用 3000 万元收购了一家净资产是 1000 万元的 D 公司，那么收购 D 公司所产生的商誉就是 3000 万 - 1000 万 = 2000 万元。

3. 为什么商誉会导致"爆雷"

商誉是否会导致"爆雷"与商誉计提的幅度直接相关。那么，何为商誉计提？简单来说，商誉计提就是在公司利润中抵消商誉的动作。

继续以 C 公司为例。假设 C 公司 2023 年的净利润是 5000 万元，在 2023 年的年报中全额计提 2022 年产生的 2000 万元商誉后，净利润为 5000 万 - 2000 万 = 3000 万元，虽然净利润有所下降，但是不至于从盈利变成亏损。

进一步，假设 C 公司 2023 年的净利润是 1000 万元，全额计提 2000 万元商誉后的净利润为 1000 万 - 2000 万 = -1000 万元。这样一来，C 公司从盈利 1000 万元变成亏损 1000 万元，因而"爆雷"。

当然，如果商誉计提少一些，比如只计提 500 万元，那么 C 公司 2023 年的净利润就是 1000 万 - 500 万 = 500 万元，依然是盈利状态，而没有因为计提商誉而"爆雷"。

总的来说，商誉在安全范围内时，上市公司"爆雷"的风险相对低。不过，如果上市公司有巨额商誉，则有"爆雷"隐忧。有道是"君子不立危墙之下"，投资者应尽量避免投资那些有巨额商誉的公司的股票，以免"墙倒压身"。

4. 怎样的商誉水平属于安全范围

通常，商誉水平合理的上市公司，投资安全边际更高；反之，商誉不在安全范围内的上市公司，则有因商誉而"爆雷"的潜在风险。一家上市公司的商誉是否合理，可用商誉评估率进行评估。

商誉评估率的计算公式是：

$$商誉评估率 = (商誉 \div 净资产) \times 100\%$$

其中：

$$净资产 = 资产 - 负债$$

例如，2023 年 D 公司的资产为 25 亿元，负债 15 亿元，商誉为 2 亿元，商誉评估率就是 2 亿÷(25-15)亿×100%=20%。

那么，20%的商誉评估率合不合理呢？综合 A 股上市公司的特点，我总结了商誉评估率的评估标准，如表 3-8 所示。

表 3-8 商誉评估率与商誉评估标准

序 号	商誉评估率（G）	商誉评估标准
1	$0<G\leqslant 10\%$	商誉优秀
2	$10\%<G\leqslant 20\%$	商誉良好
3	$20\%<G\leqslant 30\%$	商誉合理
4	$30\%<G\leqslant 50\%$	商誉偏高，需谨慎
5	$G>50\%$	商誉过高，需小心

简单来说，上市公司的商誉评估率在 30%以内，可视为处于安全范围；若商誉评估率超过 30%，甚至超过 50%，则投资者必须小心。

综上所述，虽然商誉处于安全范围内未必能保证股价"噌噌"上涨，但是至少能够避免因为商誉"爆雷"而导致股价大跌的风险。因此，如果一家上市公司有较大的商誉"爆雷"风险，出于投资安全的考虑，应避免买入其股票。

3.4.2 "二利"：归母净利润与扣非净利润

有些投资者在看财务报表时，首先关注的往往是净利润，一看净利润挺多，净利润增长率也挺高，就觉得这家上市公司很会赚钱、很靠谱，于是就狠狠买进该公司的股票。

诚然，净利润是评估一家上市公司盈利能力的关键指标，但对其理解不能过于简单。因为有时上市公司的净利润看起来很高，却与该公司本身的经营状况关系并不大。为什么这么说呢？

在现实中，除了经营自身业务之外，很多上市公司还会控股或参股其他公司。此外，有的上市公司还可能涉及炒股、炒房、炒期货等其他非经营性投资。无论是控股或参股其他公司，还是炒股、炒房、炒期货等非经营的投资，这些活动都可能产生利润，而这些利润都会被计入上市公司利润，进而影响净利润。

简单来说，上市公司的利润好比一个筐，上市公司本身的利润、控股或参股公司的利润，还有其他利润都能往里装。如果只看财务报表上的净利润，就难以准确判断这家上市公司主营业务究竟赚不赚钱，赚的是多还是少。

因此，在分析净利润的同时，不能忽略"二利"，即归母净利润和扣非净利润。下面将展开讲解这两个概念。

1. 归母净利润

唐代诗人孟郊在《游子吟》中写道："慈母手中线，游子身上衣。"诗中的"慈母"与"游子"体现了母子间的深厚情感。在公司结构中，也存在母公司和子公司的关系。归母净利润中的"母"指的就是"母公司"。归母净利润的全称为"归属于母公司所有者的净利润"，是指在企业合并净利润中，归属于母公司所有者的那部分。

一家公司之所以被称为"母公司"，是因为其控股了一家或多家子公司。通常，一家公司要实现对另一家公司的控股，需要持有对方50%以上的股份。不过，持股比例低于50%，也有可能实现控股。

《中华人民共和国公司法》第二百一十六条规定："控股股东，是指其出资额占有限责任公司资本总额百分之五十以上或者其持有的股份占股份有限公司股本总额百分之五十以上的股东；出资额或者持有股份的比例虽然不足百分之五十，但依其出资额或者持有的股份所享有的表决权已足以对股东会、股东大会的决议产生重大影响的股东。"

从这个法律上的定义可以看出，控股股东具有三种情形：

（1）在有限责任公司中，出资额超过资本总额50%的股东是控股股东。

第 3 章

股票宝库：成长与风险并存

（2）在股份有限公司中，持股比例超过股本总额 50%的股东是控股股东。

（3）出资额与持股比例不足 50%，但拥有足以对股东会、股东大会的决议产生重大影响的投票表决权的股东是控股股东。

其中，第三种情形的典型方式之一就是"同股不同权"，也称为"双层股权结构"（Dual-class Share Structure）或"AB 股结构"，指的是一家公司同时包含两类具有不同表决权的股权架构。

简单来说，在 AB 股结构的股份制公司中存在两种差异化的表决权，分别是 A 类股普通投票权和 B 类股特别表决权。一般，公司创始人团队或核心管理层拥有 B 类股特别表决权，外部股东拥有 A 类股普通投票权。设立 AB 股结构的目的是保障公司的控股权不被外部夺走。无论公司创始人团队或核心管理层持有的 B 类股比例是高还是低，只要拥有特别表决权，就不会失去公司的控股权。

反过来说，不符合上述三种情形的股东，就不是控股股东，而是参股股东，自然就不具备成为母公司的条件，只能被称为参股公司。换言之，只有对子公司实现控股，才能成为母公司，否则就只是参股公司。

根据财政部发布的《企业会计准则第 33 号——合并财务报表》第二条，合并财务报表是指"反映母公司和其全部子公司形成的企业集团整体财务状况、经营成果和现金流量的财务报表"。换言之，子公司的利润会合并计入母公司的利润，即合并财务报表的净利润 = 母公司净利润 + 子公司净利润。

假设阿强是一家芯片公司 A 的总经理，他以芯片公司 A 的名义与好友阿明合办了一家新能源汽车公司 B。芯片公司 A 控股了新能源汽车公司 B，那么芯片公司 A 是母公司，新能源汽车公司 B 则是子公司。

假设芯片公司 A 本身在 2023 年的净利润是 5000 万元，新能源汽车公司 B 的净利润是 1000 万元，那么 2023 年芯片公司 A 合并财务报表的净利润就是 5000 万+1000 万=6000 万元。

在合并财务报表时，归母净利润又是如何计算的呢？归母净利润的计算方法是：

归母净利润 = 母公司净利润 + 子公司净利润中属于母公司的部分

简单来说，子公司净利润中属于母公司的那部分，取决于母公司在子公司的持股比例。

继续上面的示例。阿明是新能源汽车公司 B 的个人股东，持股比例为 30%，芯片公司 A 持股比例为 70%。这就意味着新能源汽车公司 B 净利润中的 70% 属于母公司——芯片公司 A，30% 属于"少数股东"阿明。这 70% 的净利润对母公司芯片公司 A 来说，就属于"归母净利润"。

合并财务报表的归母净利润为 5000 万+1000 万×70%=5700 万元，而合并财务报表的净利润是 6000 万元，二者差额就是 6000 万元—5700 万元=300 万元。

显然，归母净利润更真实地反映了归属于母公司的净利润。话说回来，不管是母公司本身的净利润，还是子公司的净利润，只要兢兢业业经营，不弄虚作假，有利润总归是好事。

不过，上市公司可能选择性合并财务报表，这就值得特别注意。比如，在子公司盈利时，E 公司选择性合并财务报表，一旦子公司出现亏损时，E 公司则声称"并非控股股东"，而不合并计算子公司的亏损，以免影响母公司的净利润成绩单。

除此之外，归母净利润对上市公司的母公司而言，还有"东边不亮西边亮"的意味。比如，虽然 F 公司本身的业绩不怎样，净利润很一般，但是子公司 G 的净利润很抢眼，表现远超 F 公司本身。在合并财务报表后，F 公司的净利润成绩单就会实现"华丽转身"。

在实践中，有的上市公司热衷于"走捷径"，通过收购的方式控股不同的子公司，部分原因便在于此。

2. 扣非净利润

扣非净利润，全称为"扣除非经常性损益后的净利润"。非经常性损益是指与公司正常经营业务无直接关系，以及虽与正常经营业务相关，但由于其性质特殊和偶发性，影响报表使用人对公司经营业绩和盈利能力做出正常判断的各项交易和事项产生的损益。简单理解，扣非净利润就是扣除那些与上市公司主营业务无关的利润或亏损后的净利润。

在看上市公司的财务报表时，不能对扣非净利润视而不见。为什么？

打个比方，C 公司是一家食品饮料行业的上市公司，主营业务与食品饮料相关。C 公司趁着房地产市场行情火热，于 2017 年买入了 30 套房，然后在 2023 年卖出，赚了 6000 万元。这 6000 万元就属于非经常性损益。假设 C 公司在 2023 年主营业务的净利润是 3000 万元，那么加上卖房赚的 6000 万元，该公司 2023 年的年度净利润就是 3000 万+6000 万= 9000 万元。

虽然 C 公司卖房赚的钱同样属于利润，但并非食品饮料相关的主营业务产生，而且不具备经常性或持续性。因此，在计算扣非净利润时，卖房赚的 6000 万元并不会被计算在内。

可见，与净利润相比，扣非净利润能够更真实地反映一家上市公司主营业务的经营效益。扣非净利润在净利润中的占比越高，意味着上市公司主营业务的净利润贡献越大。如果扣非净利润的占比接近 100%，则说明这家公司很"专一"，不"花心"，因为它专注于深耕自身的主营业务，而不是在主营业务外"多点开花"。

当然，如果一家上市公司的主营业务很优秀，副业同样做得很抢眼，自然值得称赞，点赞 10,000 次都不觉得多。不过，要是"本末倒置"，并且主业与副业又都不出彩，则只能给予"差评"。

扣非净利润的数值越高，说明上市公司主营业务的经营效益越好。简而言之，扣非净利润越高，说明这家公司越会赚钱。

3.4.3 "三每": 每股收益、每股净资产与每股未分配利润

了解了"一商"与"二利",我们再来看看"三每"。一家上市公司的财务报表究竟"美不美","三每"的数据表现相当重要。

1. 每股收益

每股收益即基本每股收益,也称为每股盈利(Earning Per Share,EPS)。每股收益是指税后利润与股本总数的比率,因而又称为"每股税后利润"。

每股收益是评估上市公司盈利能力的核心财务指标之一。通常,通过两种对比方式来评估一家上市公司的每股收益:横向对比与纵向对比。

(1)横向对比

简单来说,横向对比即与他人相比,将上市公司的每股收益与所属行业的平均每股收益进行对比。若遥遥领先于行业平均值,则表明该公司在行业中的盈利能力较强;反之,若远远落后于行业平均值,则表明其盈利能力较差。

(2)纵向对比

横向对比是与他人相比,纵向对比则是与过去的自己相比,也就是将上市公司最近的每股收益与其过去同期的每股收益进行对比。纵向对比包括单季度对比与单年度对比。

比如,近5年D公司的年报中每股收益呈现逐年增长的态势,这表明近5年D公司的盈利能力持续提升,成长性较好;反之,则意味着盈利能力持续下降,成长性较弱。

总的来说,每股收益是评估一家上市公司盈利能力的核心财务指标之一。无论横向对比还是纵向对比都能遥遥领先于同行的上市公司,其股票可以列入优先投资的范围。

2. 每股净资产

每股净资产的英文名称为 Net Asset Value Per Share（NAVPS），是指上市公司每股股票所代表的公司净资产价值。

资产负债表中的总资产减去全部债务后，余额就是净资产。净资产除以发行总股本，就得到每股净资产，即

$$每股净资产 = 净资产 \div 发行总股本$$

假设上市公司 E 的净资产为 20 亿元，发行总股本为 10 亿股。那么，该公司的每股净资产就是 20 亿÷10 亿=2 元。

通常，上市公司的每股净资产越高越好。每股净资产越高，表示股东所拥有的每股资产价值越大，说明这家上市公司的财力越雄厚，同时表明其抵御经营风险的能力越高——能淡定笑看风云，经得住大风大浪，不会因为经济环境或行业环境有些许风吹草动，就导致公司经营出现状况，甚至经营不下去。

从长线投资的角度来看，每股净资产较高的上市公司股票，投资的安全系数也较高；反之亦然。

3. 每股未分配利润

对于立足长线投资的投资者来说，买入一家上市公司的股票，除了希望通过股价上涨而获得市场收益之外，还希望能够获得上市公司的分红收益。在实践中，分红是能否长期投资一家上市公司股票的关键衡量因素之一，也是股票是否具备长线牛股潜质的重要评估因素之一。

话说回来，上市公司是否分红，取决于其是否具备分红能力。那么，如何判断上市公司是否具备分红能力呢？简单来说，就是看上市公司财务报表中的每股未分配利润。

在讨论每股未分配利润之前，先了解一下未分配利润。未分配利润的英文全称为 Undistributed Profits，是指上市公司待分配的或留待以后年度分配的利润，反映了上

市公司累计未分配利润或累计未弥补亏损。简单来说，未分配利润就是上市公司此前年度留存的利润。

打个比方，F公司在2022年的净利润是20亿元，用了17亿元，即2022年的净利润还剩3亿元。在2023年的财务报表中，就把这剩下的3亿元列入"未分配利润"。

进一步讲，当期未分配利润总额除以总股本就得到每股未分配利润，计算公式是：

每股未分配利润 ＝ 上市公司当期未分配利润总额 ÷ 总股本

仍以F公司为例。F公司在2022年的未分配利润是3亿元，总股本是3亿股，F公司的每股未分配利润就是3亿÷3亿=1元。

那么，如何根据每股未分配利润的数值辨别上市公司有无分红能力呢？我总结了每股未分配利润与分红评估标准，如表3-9所示。

表3-9 每股未分配利润与分红评估标准

序号	每股未分配利润（P）	分红评估标准
1	P<0	不具备分红能力
2	0<P<1元	分红能力较差
3	P=1元	具有每10股送10股，或每股分派1元现金的分红能力
4	1元<P<5元	分红能力尚可
5	5元≤P<10元	分红能力良好
6	P≥10元	分红能力优秀

通常，一家上市公司的每股未分配利润越多，意味着其未来分红或送股的能力越强，或者说分红、送股的概率越大。

需要注意的是，如果一家上市公司的分红能力良好甚至优秀，却从未进行过分红，那么这样的公司就属于典型的"铁公鸡"，就像法国著名小说家巴尔扎克的长篇小说《欧也妮·葛朗台》中女主人公的父亲葛朗台一般，虽然有钱，但是抠抠搜搜，极其吝啬。如果一家上市公司像葛朗台一样吝啬，有分红能力却不舍得分红，显然不值得投资者付诸热忱；反之，长年分红，并且股票分红比例不低的上市公司，则可以列为长线投资的优选对象。

3.4.4 "四率"：市盈率、市净率、毛利率与净资产收益率

"一商二利，三每四率"的"一商"、"二利"和"三每"已介绍完毕，接下来，介绍"四率"。

1. 市盈率

在"四率"中，市盈率（Price Earnings Ratio，PE）是股市中最常见的比率指标。顾名思义，"市"指的是股票市价，即股价；"盈"指的是每股盈利，即每股收益；"率"则表示比率。

这样一来，市盈率的概念就呼之欲出了。市盈率是指上市公司的股价与每股收益之间的比率。这里所说的"每股收益"是指上市公司的年度每股收益。

一般，财务报表不会直接列出市盈率数值，但是股票行情工具会显示市盈率的数值。比如"市盈率（动）17.66"，意思是"动态市盈率是 17.66 倍"。之所以特别说到动态市盈率，是因为在评估上市公司股价水平是否合理时，动态市盈率尤为关键（为表述上的方便，如无特别说明，下文的市盈率均指动态市盈率）。

需要注意的是，不同的股市、不同的投资风格对市盈率的评判标准有所不同。我总结了 A 股市盈率范围与评估标准，如表 3-10 所示。

表 3-10 市盈率范围与评估标准

序号	市盈率（PE）范围	评估标准
1	0<PE≤5	若上市公司业绩优秀，则价值被严重低估
2	5<PE≤10	若上市公司业绩优秀，则价值被低估
3	10<PE≤20	若上市公司业绩良好，则处于合理估值区间
4	20<PE≤30	若上市公司业绩良好，则估值相对合理
		若上市公司业绩一般，则价值被高估
5	PE>30	若上市公司业绩与增长情况良好，则有轻微投机泡沫
		若上市公司业绩与增长情况一般，则有投机泡沫

简单来说，在 A 股中，市盈率不超过 30 倍的股票，通常不会有太大的投机风险。此外，市盈率超过 30 倍的股票，也并非不能作为投资之选，例如互联网服务、半导

体等科技属性较强的行业，股票的市盈率普遍偏高。换言之，如果不是因行业属性而具有高市盈率的股票，则需要审慎甄别。

话说回来，那些市盈率过高的上市公司的股票并非没有任何投资机会。在A股中，时常能看到高市盈率上市公司的股票"噌噌"上涨，只不过此类股票只适合进行短线博弈，而非长期投资。长期来看，通常此类股票怎么涨上去，就会怎么跌回来。道理很简单，股价远超上市公司基本面价值就有泡沫，而泡沫总是会破的。

2. 市净率

市净率（Price-to-Book Ratio，PB）是上市公司的每股股价与每股净资产的比率，计算公式为：

$$市净率 = 每股股价 \div 每股净资产$$

假设H公司的每股股价为12元，每股净资产为6元，那么H公司的市净率就是12元÷6元=2倍。

与市盈率一样，财务报表中不会直接列出市净率数值，但在股票行情工具中会显示。

股谚有云："牛市看市盈率，熊市看市净率。"之所以这么说，是因为在熊市时投资者更看重投资安全，而市净率可用于评估一家上市公司的投资安全系数。那么，该如何评估呢？我总结了市净率范围与评估标准，如表3-10所示。

表3-10 市净率范围与评估标准

序号	市净率（PB）范围	评估标准
1	0<PB<1	破净股，具有修复式的上涨潜力
2	1≤PB<2	安全范围
3	2≤PB<3	合理范围
4	3≤PB<5	若上市公司业绩良好，则估值相对合理
		若上市公司业绩一般，则略高估
5	PB≥5	若上市公司业绩与增长情况良好，则略高估
		若上市公司业绩与增长情况一般，则为高估

进一步讲，一家上市公司的市净率是高是低，需要与参照物进行比对后才知道。这个参照物便是上市公司所处的行业板块或概念板块的平均市净率。

假设 A 行业的平均市净率为 6 倍，而此行业的 C 公司的市净率为 3 倍，显然 C 公司的市净率远低于行业平均值，这表明 C 公司股票的投资安全系数较高，而且具有上涨潜力；反之，如果 C 公司的市净率是 9 倍，明显高于行业平均值，则意味着 C 公司股票的投资安全系数并不高。

总结一下，当股市行情转弱或处于熊市时，投资者应该把安全与风控放在第一位。此时，运用市净率筛选具备投资安全边际的上市公司股票，作为长线投资的备选。对于市净率超出安全范围的股票，则须谨慎对待或小心规避，以免遭受不必要的损失。

3. 净资产收益率

净资产收益率（Rate of Return on Common Stockholders' Equity，ROE）是上市公司的税后净利润除以净资产后得到的百分比，计算公式为：

$$净资产收益率 =（净利润 ÷ 净资产）\times 100\%$$

上市公司财务报表中有两个净资产收益率：全面摊薄净资产收益率和加权平均净资产收益率。日常所说的净资产收益率特指"加权平均净资产收益率"。

净资产收益率衡量的是上市公司运用自有资本的效率，反映了上市公司运用自有资本获得净收益的能力。通常，一家上市公司的净资产收益率越高，表示其投资收益能力越强。

我总结了 A 股净资产收益率范围与评估标准，如表 3-12 所示。

表 3-12 净资产收益率范围与评估标准

序 号	净资产收益率（ROE）范围	评估标准（上市公司的投资收益能力）
1	0<ROE<5%	差
2	5%≤ROE<10%	尚可
3	10%≤ROE<15%	一般
4	15%≤ROE<20%	良好

续表

序　号	净资产收益率（ROE）范围	评估标准（上市公司的投资收益能力）
5	20%≤ROE<35%	优秀
6	ROE≥35%	优秀，但需注意是否估值过高

需要注意的是，评估上市公司的投资收益能力时，不能仅看单年度的净资产收益率，更不能仅看单季度的净资产收益率，而要看长年的数据。即便不看近10年的净资产收益率情况，也应当看近5年的数据。净资产收益率稳中有进的上市公司，其股票更适宜长期投资；反之，如果净资产收益率起伏不定，则要仔细甄别。

此外，由于上市公司负债的增加也会促使净资产收益率有所上升，往往容易产生净资产收益率高的假象。所以，在实践中，如果发现上市公司净资产收益率突然大增，就得查看其负债是否有异常增加。

4. 毛利率

毛利率（Gross Profit Margin，GPM）是指上市公司当期的毛利润与营业收入的百分比，计算公式为：

$$毛利率 =（毛利润 \div 营业收入）\times 100\%$$

$$毛利润 = 营业收入 - 营业成本$$

假设根据2023年的年报，G公司的营业收入是12亿元，营业成本是6亿元，那么毛利润就是12亿-6亿=6亿元。进一步计算，G公司的毛利率就是(6亿÷12亿)×100%=50%。

毛利率是衡量上市公司盈利能力的核心指标之一，在很大程度上决定了最终净利润的高低。通常，行业或上市公司的毛利率越高，说明其控制成本的能力越强，盈利能力越强，净利润越多；反之亦然。

值得一提的是，评估一家上市公司的盈利能力时，应至少以其最近5年的年度毛利率为依据进行评估。与行业的平均毛利率进行横向对比，不低于行业平均毛利率的上市公司，可视为及格水平；远高于行业平均毛利率的，则属于领先水平。

此外，还应该纵向对比上市公司本身的毛利率水平是否稳定。换言之，如果上市公司同期的毛利率水平没有太大波动，而是在稳健范围内或稳中有进，则表明其具有稳定的获利能力，不会出现"去年吃香喝辣，今年勒紧腰带"的"变脸"情形。

简单来说，在同一行业中筛选不同公司的股票时，在公司规模相近的情况下，优先选择毛利率高或者毛利率稳中有进的公司股票。

到此，"一商二利，三每四率"已讲解完。对普通投资者来说，在读上市公司财务报表时，虽然不一定要像专业会计师那般专业，但是至少要明白财务报表中的核心财务指标各代表怎样的含义，切不可全然不懂，更不可在没有丝毫了解的情况下就匆忙买入一家上市公司的股票，这样做的风险远大于获利的机会。

3.5 能不能成为牛股，这两大"牛股驱动力"是关键

毫不夸张地说，无论是新手还是资深投资者，只要入市炒股，都无时无刻不想买到牛股，因为牛股往往有超强的上涨行情，能产生较大的收益。但是，能成为牛股的股票，都不是无缘无故被造就的，而是必须具备"牛股驱动力"。

通常，"牛股驱动力"主要分为两大类型，一种是基本面利好驱动力，另一种是题材利好驱动力。

3.5.1 基本面利好驱动力

一般来说，具备基本面利好驱动力的上市公司，必须符合以下三大关键条件。

1. 所属行业必须是"刚需行业"

虽然各行各业都有上市公司，但是并非所有行业的上市公司的股票都能成为牛股。拥有基本面利好驱动力的关键因素之一，是股票对应的上市公司所属的行业，必

须是不被社会发展淘汰的"刚需行业"。

如果所属行业属于"刚需行业",上市公司的业绩自然有保障,机构资金往往会长期关注此类上市公司的股票,尤其是其中的优质上市公司的股票,因此这类股票具有长期投资的潜力;反之,容易被淘汰的行业或者容易落后的行业,机构资金持续关注的概率相对较低,因而缺乏长期投资潜力。

2. 产品或服务具有刚性需求

通常,行业翘楚或龙头企业的产品或服务,都具有较强的刚性需求,因而有较高的市场占有率。

反之,虽然为"刚需行业",但如果产品或服务的市场占有率很低,那么此类上市公司股票在同行业的优质股票成为行业牛股时,只能跟在后面跟涨,别人吃肉,它只能分点羹汤。

简单来说,在筛选同一行业的上市公司股票时,优先选择产品或服务的市场占有率高的公司股票。

3. 具有遥遥领先于同行的核心竞争力

一般来说,机构资金热衷于投资各行各业的"大白马",这些"大白马"通常就是行业中的龙头企业。之所以能成为龙头企业,必然有其独到之处,用管理学的理论来讲便是核心竞争力,而核心竞争力的关键便是拳头产品或服务。简单来说,一家龙头企业,除了其产品或服务具有较强的刚性需求之外,还得具有遥遥领先于同行的核心竞争力。比如,备受消费者喜爱的白酒产品、空调产品等均属于核心竞争力。

话说回来,具有同行难以超越的核心竞争力不一定会立即获得行业龙头地位,毕竟"罗马不是一天建成的"。这就意味着具有同行难以超越的核心竞争力,却尚未成为行业龙头的上市公司,具有很大的上升空间。

虽然如今并非龙头企业,但是具有未来成为龙头企业的潜力,这种公司在科技领域或新兴行业尤为常见。因此,在评估科技领域或新兴行业的上市公司时,可以多研究它们是否具有可以助力自身取得巨大发展，或在未来奠定行业龙头地位的核心竞争力。

3.5.2 题材利好驱动力

在股市中，向来不缺乏题材利好，比如粤港澳大湾区题材利好、新能源汽车题材利好、芯片题材利好、光刻机题材利好等，这些均属于题材利好。

需要注意的是，不同的题材利好，具有不同强度和持续度。一般而言，题材利好主要分为两大类型：政策型题材利好和事件型题材利好。

1. 政策型题材利好

顾名思义，政策型题材利好是基于相关政策出台而产生的。通常，周期性的政策利好属于具有长期持续度的强势利好。比如对粤港澳大湾区建设的支持就属于长周期性的政策利好。相对而言，与政策相关的行业会有长周期的利好效应。

既然是长周期利好，那么就具有长期持续度，机构资金就会有持续关注或长期投资的意愿。这样一来，相关题材的上市公司股票，尤其是相关度高的题材股，就具有行情长期向好的潜力。

2. 事件型题材利好

事件型题材利好是由于某个积极事件的发生而产生的。事件型题材利好的事件通常是"积极事件"，而"消极事件"则大概率属于利空。对不同行业来说，通常在特定时间会发生特定的积极事件。

比如世界互联网峰会、新能源峰会、全球 AI 芯片峰会等都属于事件型题材利好，对于题材相关的概念股具有提振作用，尤其对与峰会主题密切相关的题材股来说，会具有更强的利好效应。

对具体的股票来说，所属上市公司有重大资产重组、股权激励等事件发生，同样属于事件型题材利好。

需要强调的是，与政策型题材利好的长周期特性不同，事件型题材利好具有短期效应，甚至是超短期效应，因此只适合短线操作。通常，游资就更热衷于炒作事件型题材利好的题材股，使得在短期内强劲上涨的短线牛股奔袭而出。

总的来说，如果立足于长线投资，就要看意向的股票是否具备基本面利好驱动力，如果还叠加题材利好驱动力中的政策型题材利好，就有"加分项"；反之，如果立足于短线博弈，就要多研究意向的股票是否具备题材利好驱动力中的事件型题材利好。如果同时具备基本面利好驱动力与题材利好驱动力，那就更好了。

3.6 看懂控盘资金的控盘习惯，快速辨别股票有无涨停潜力

在股市中，最受投资者关注的股票莫过于涨幅榜上的涨停股。有道是"没有无缘无故的爱"，无论是哪只股票，既然能成为涨停股，就并非无缘无故。能让控盘资金爱到愿意拉涨停，必然有其理由。

通常，一家上市公司的股票之所以能够驱使控盘资金拉涨停，其原因无非两个字——利好。简单来说，一只能涨停的股票一般都是受到利好的提振，或具有利好题材的股票。换言之，要知道股票涨停的原因，就必须明白究竟有什么方面的利好，是题材利好，还是基本面利好。

相对而言，有利好的股票，特别是与利好关系较为密切的股票，往往有涨停潜力，或有可能连续涨停。虽然有利好的股票并不少见，但是对某只股票是利好并不意味着对所有股票是利好。换言之，如果意向的股票并没有明确的利好，或者自己不明白有什么利好，是否有办法判断其在后市行情是否有涨停潜力呢？

显然，答案是肯定的。正如《论语·公冶长》所说，"今吾于人也，听其言而观其行。"在股市中，通过"观其行"的方式同样可以判断一只股票在后市行情中是否

有涨停潜力。

简单而言，就是观察一只股票是否有曾经涨停的经历，以及涨停次数是多还是少。进一步讲，如果涨停的次数较多，那么后续再涨停的概率较大；反之，如果以往没有涨停经历，又没有利好提振，那么这只股票突然涨停的概率就较小。

值得一提的是，对于一些时不时涨停的股票要特别留意。比如每月都会涨停一两次，而且长期如此，说明控盘资金已形成特定的涨停习惯，在后市行情出现相似情形时的概率就很大。

此外，如果股票在较近的一段时间有过涨停经历，那么再次涨停的概率也会很大。因此，在观察一只股票时，可以重点看它近两周或近一个月是否有过涨停经历，有的话，就可以特别留意。如果没有，就不要抱太大希望了，就如俗话所说"希望越大，失望越大"。

那么，要怎样获悉控盘资金的涨停习惯呢？下文就介绍控盘资金的两大涨停习惯。

1. 相同均线支撑的涨停习惯

前面讲过，股票行情工具中的常见均线模式设置是 MA5、MA10、MA20、MA30、MA60、MA120 与 MA250。我个人的习惯是把均线设置成 MA7、MA12、MA22、MA52、MA77、MA120 与 MA250。

之所以先说均线，是因为控盘资金操盘涨停股票的习惯之一便是"相同均线支撑的涨停"。比如，在一个月内，"戈多股份"在均线 MA12 支撑的上下确立了两次涨停。

如果看到涨停的股票，而没有特别留意或专门研究的话，确实很难发现其中还会有涨停规律与控盘资金的控盘习惯。然而，只要稍微花点儿时间和心思，就能发现个中奥秘。别的先不说，只要掌握了均线的相关知识与技巧，通过均线同样能发现控盘资金的控盘习惯。

因此，想知道意向的股票在后市行情中是否还会再次涨停，可以特别留意在均线支撑的上下位置是否曾有过涨停。如果有，那么在后市行情回踩至相同均线支撑的上下位置时，就要特别注意，也许涨停机会就明明白白地摆在面前了。

2. 相同股价起爆点的涨停习惯

除了相同均线支撑的涨停习惯，控盘资金还有相同股价起爆点的涨停习惯。比如，"戈多股份"在一个月内的两次涨停均是在股价 13.50 元上下启动的。

相同均线支撑的涨停与相同股价起爆点的涨停，两者并非只能单独出现，它们是会同时出现的。比如，"戈多股份"在一个月内的两次涨停都是在 MA12 均线支撑的上方，并且涨停的股价起爆点都是在 13.50 元上下。

此外，不同的股票有不同的控盘资金，控盘习惯的细节会有差异。不过，只要找到大同小异的共性习惯，就有助于决策与交易。

话说回来，虽然涨停看上去很美，但是并非所有涨停都属于安全的涨停。有的涨停只是"一日游"方式，往往在涨停的次日就开始扭头下跌，并且还是连续下跌。如果投资者在临涨停前追进去，就要后悔得拍大腿了。简而言之，想要追击涨停股，就必须选择涨停后仍具有上涨潜力的类型。

在实践中，除了研究利好驱动力是否足够支撑股票涨停后继续上涨之外，在技术分析层面，同样能够察觉一些端倪。下文介绍股票在涨停后仍有上涨潜力的三种常见涨停形态。

1. "破顶涨停"形态

"破顶"中的"破"是突破的意思，"顶"是指行情顶部，"破顶"指的是股票突破了以往的多个行情顶部。进一步讲，"破顶涨停"就是股票突破了以往的多个行情顶部的涨停形态。

需要注意的是，"破顶涨停"形态最好能叠加 MACD 金叉状态。换言之，"破顶涨停"与 MACD 金叉双剑合璧，在涨停之后，股票继续上涨的潜力会更大。

简单来说，为了安全起见，不能仅盯着涨停，还应综合观察是否处于 MACD 金叉状态，如此能增加短线博弈的安全系数。确保在高安全系数的前提下进行短线博弈，而非纯粹博运气。

2. "金底涨停"形态

"金底"的"金"是指 MACD 金叉状态，"底"是指底部区间，"金底"即 MACD 金叉状态的底部区间。"金底涨停"就是指在 MACD 金叉状态下的底部区间的涨停形态。

需要强调的是，"金底涨停"必须伴随着成交量放量。换言之，"金底涨停"包括四大特征：涨停、MACD 金叉、底部和放量。

3. "爆 N 涨停"形态

"爆 N"的"爆"是指在底部持续处于地量状态后，突然放出两倍以上的成交量，"N"则是指涨停后的 K 线确立了"N"字形态。进一步讲，"爆 N 涨停"就是指在底部持续处于地量状态后，突然放出两倍以上的成交量的"N"字涨停形态。

通常，在确立了"爆 N 涨停"形态后，股票还有继续上涨的潜力，甚至出现连板涨停的情形。

需要注意的是，控盘资金对涨停股的热炒向来是短线性质，因此，对于参与其中的普通投资者来说，在实现进场前的预期目标后，千万不能恋战，而是应当及时逢高出局，落袋为安，以免控盘资金上演"翻脸不认人"的出货"杀跌"剧情，进而导致"浮盈"成了"浮云"。

第 4 章

基金宝库：资产多样化配置的利器

第 4 章
基金宝库：资产多样化配置的利器

4.1 要投"基"，先打好这些常识基础

随着民众理财观念不断增强，理财人群越来越广泛，并且资产在理财工具上的配置日趋多样化，基金已成为越来越多人除在银行存钱、购买债券之外的理财选择。一些并不炒股的投资者都参与到基金理财的队伍之中，特别是 20 岁至 30 岁的年轻人，这个年龄段的人参与基金投资的比例比其他年龄段的更高一些。究其原因，在移动互联网时代到来之后，支付宝与微信两大移动支付平台，以及其他第三方平台，都开通了基金理财相关功能或开设了基金频道，这使得年轻人参与基金理财更方便。

虽然基金理财的参与方式格外便利，资金门槛较低，甚至 1 元就能起投基金，但是不能因为太容易参与，就忽略对基金知识的学习，毕竟基金理财的风险要远大于在银行存款和债券理财。简单来说，要想打开基金宝库，实现基金理财的预期，就不能靠运气，更不能靠蒙，而是必须有扎实的知识储备。否则，可能一进场就成为郁闷的"韭菜"。

那么，对于有意向参与基金理财或刚参与基金理财的新手来说，该掌握哪些必懂的基金知识呢？为了方便大家快速入门和上手，本节将介绍基金相关的常识。在投资基金之前应先好好学习理论，就像学开车一样，在坐上驾驶员的位置学习操作前，应该先打好理论知识的基础。

4.1.1 基金管理人

基金管理人是公募基金的主要角色之一，不过"基金管理人"的"人"并不是指个人或自然人，而是指公司或者机构。

《中华人民共和国证券投资基金法》第十二条规定："公开募集基金的基金管理人，由基金管理公司或者经国务院证券监督管理机构按照规定核准的其他机构担任。"

在这里，我们主要讨论的基金管理人是基金管理公司。

有一首脍炙人口的歌曲《相约一九九八》唱道："来吧，来吧，相约一九九八，相约在甜美的春风里，相约那永远的青春年华。"对中国公募基金来说，1998年也是如沐春风的一年，被誉为"中国公募基金元年"。原因有二：一是1998年我国第一批公募基金公司成立，二是1998年我国第一批公募基金发行。

1998年3月3日，《中国证券监督管理委员会关于国泰基金管理有限公司开业申请的批复》同意了国泰证券有限公司报送的国泰基金管理有限公司开办申请。同年3月5日，国泰基金管理有限公司，即国泰基金，在上海成立，这是中国第一家公募基金管理公司。同年成立的其他基金公司还有南方基金、华夏基金、华安基金、博时基金、鹏华基金等。

在基金公司中，负责管理基金的岗位称为"基金经理"。通常，基金公司发行的每只基金都有一位或两位及以上的基金经理负责管理。基金的投资组合、投资策略、投资计划等均由基金经理主导。

打个比方，如果说基金是一艘船，基金经理就是这艘船的船长，船的航行计划是由船长来定的。如果说基金是一支足球队，基金经理就是教练，球队比赛的排兵布阵都由教练决定。

一般而言，一位基金经理管理的基金不限于一只，尤其是一些经验丰富或名气大的明星基金经理，大多会同时管理多只基金。新手基金经理基本上从管理单只基金开始。

需要注意的是，基金的表现，尤其是主动型基金，与基金经理的管理能力有较为密切的关系。因此，在选择基金时，不可忽视基金经理的因素。

4.1.2 基金托管人

根据《中华人民共和国证券投资基金法》第三十二条，基金托管人"由依法设立的商业银行或者其他金融机构担任"。在实践中，基金托管人主要是取得基金托管资格的商业银行。

简单来说，基金托管人就是在基金管理人和基金投资者之外，负责资金托管的第三方机构。换言之，基金公司发行基金所募集到的资金并不是直接存放在基金公司的银行账户中，而是放在第三方机构即基金托管人的银行托管账户中。

通常，对于基金而言，这种由第三方机构托管的方式就称为"第三方托管"。担任基金托管人的商业银行一般被简称为"托管银行"。具体基金的详情介绍中会直接说明相应的托管银行。

其实，之所以让商业银行当基金托管人，主要是为了保证基金资产的安全，是出于保障基金投资者资金安全的考虑。这样一来，在买入基金后，投资者就不必担心资金会被不当转移或挪用了。

4.1.3 基金分类

根据《中华人民共和国证券投资基金法》第四十五条，按照运作方式，基金主要分为封闭式基金和开放式基金。

1. 封闭式基金

1998年3月27日，我国正式成立了第一批公募基金，也是第一批封闭式基金，分别是南方基金的"开元证券投资基金"（简称"基金开元"）、国泰基金的"金泰证券投资基金"（简称"基金金泰"）。这两只封闭式基金的募集规模都是20亿元，基金单位面值都是1.00元，发行的份额都是20亿份，存续期限（封闭期）也都是15年。1998年4月7日，"基金开元"和"基金金泰"分别在深圳证券交易所、上海证券交易所正式上市交易。

封闭式基金的英文名称为Closed-end Fund，一般简称为"CEF基金"。根据《中华人民共和国证券投资基金法》第四十五条，封闭式基金即采用封闭式运作方式的基金，是指基金份额总额在基金合同期限内固定不变，基金份额持有人不得申请赎回的基金。

从封闭式基金的定义可以看出两点：一是在基金合同期限内，基金份额总额固定不变；二是在基金合同期限内，基金份额持有人不得申请赎回。

这里简单解释几个关键词：基金份额总额、基金份额持有人、赎回和基金合同期限。

以 1998 年南方基金发行的"基金开元"为例，其募集规模是 20 亿元，基金单位面值是 1.00 元，20 亿÷1.00=20 亿，发行的基金份额总额为 20 亿份就是这样计算出来的。换言之，20 亿的基金份额总额一共有 20 亿份基金份额，而基金份额持有人就是买入基金的投资者。

在封闭式基金的发行募集期（或称为"认购期"）买入基金份额的交易行为，称为"认购"。与"认购"相对的便是"赎回"。赎回是指基金份额持有人按照基金合同规定的条件，要求基金管理人购回本基金的基金份额的行为。简单来说，对基金份额持有人来说，赎回相当于卖出所持有的基金份额。

假设阿珍赎回所持有的 A 基金的 10,000 份基金份额，就相当于卖出了 10,000 份基金份额。

基金合同期限是指封闭式基金的"存续期限"或者"封闭期"，通常是 5 年以上。比如"基金开元"的存续期限，也就是封闭期，是 15 年。封闭期满之后，才迎来赎回期。

基于长周期投资策略的需要，与基础设施相关的封闭式基金还有更长的封闭期，因此在实践中，封闭式基金的投资者并非以个人投资者为主，而是机构投资者为主。虽然部分封闭式基金可以在二级市场进行交易，但是交易流动性普遍较低且成交活跃度不足，也不太适合注重资金灵活度的个人投资者。因此，基金公司发行了封闭期较短且封闭期满后自动转为上市型开放式基金的封闭式基金，常见的封闭期是 3 年。3 年期满后，此类基金自动转为上市型开放式基金。

2. 开放式基金

2001年9月21日，经中国证监会批准，华安基金的"华安创新证券投资基金"（简称"华安创新"）正式成立，基金类型是契约型开放式基金（Contractual Open-ended Fund）。这是我国公募基金史上的第一支开放式基金，拉开了我国开放式基金的历史序幕。

开放式基金的英文名称为 Open-end Fund，一般简称为"OEF 基金"。在全世界范围内，开放式基金都属于主流的基金类型。根据《中华人民共和国证券投资基金法》第四十五条，开放式基金即采用开放式运作方式的基金，是指基金份额总额不固定，基金份额可以在基金合同约定的时间和场所申购或者赎回的基金。

从以上定义可以看出开放式基金有两大特点：一是基金份额总额不固定；二是在基金合同约定的时间和场所，可以申购或者赎回基金份额。

2004年8月24日，经中国证监会批准，南方基金发行"南方积极配置证券投资基金"（简称"南方积配"），向全社会公开募集资金。此基金于2004年10月14日正式成立，这是我国公募基金史上的第一支上市型开放式基金（Listed Open-ended Fund）。2004年12月20日，"南方积配"正式在深圳证券交易所上市交易，具有里程碑意义。

在实践中，上市型开放式基金被简称为"LOF 基金"。常见的 LOF 基金类型主要包括股票型 LOF 基金、债券型 LOF 基金、商品型 LOF 基金和 QDII-LOF 基金。

简单来说，以是否上市交易来区分，开放式基金可以分为契约型开放式基金和上市型开放式基金。在支付宝、微信、各类商业银行的基金渠道，以及第三方平台的基金渠道等场外渠道参与申购和赎回的开放式基金大多属于契约型开放式基金；上市型开放式基金则在上海证券交易所与深圳证券交易所的场内渠道上市交易。

与场外渠道相比，通过证券账户在场内渠道交易 LOF 基金更有优势：一是交易的确认更便利，在交易时间内交易，能实现日内确认；二是交易费率更低。场内渠道与场外渠道的交易确认与交易费率的差异如表 4-1 所示。

表 4-1　场内渠道与场外渠道的交易确认与交易费率差异对比

对比因素	场内渠道	场外渠道
交易确认	在交易时间之内交易，可以实现日内确认	在 T 日 15:00 之前提交买入申请，T+1 日确认份额 在 T 日 15:00 之后提交买入申请，T+2 日确认份额
交易费率	按股票交易佣金收取，通常是万分之 3 或万分之 2.5。一般不收取印花税与过户费	不同基金公司的基金按照申购金额，具有不同的申购费率梯次，通常申购费率为 1.50%，常见的优惠费率是 0.15%，即万分之 15

表 4-2 为一个示例，说明了在场外渠道申购或赎回 LOF 基金的确认方式。

表 4-2　在场外渠道申购或赎回 LOF 基金的确认方式

2023 年 12 月							
星期日	星期一	星期二	星期三	星期四	星期五	星期六	
24	25	26	27	28	29	30	
	在 T 日 15:00 前买入	以 12 月 25 日收盘净值确认份额	在 T 日 15:00 后买入		以 12 月 28 日收盘净值确认份额		

由于场内渠道 LOF 基金在交易日内的成交额并不高，如果要投资场内渠道的 LOF 基金，可以优先选择成交额相对较高的基金类型。

除了 LOF 基金，还有两种常见的基金简称中同样带英文前缀，那就是 QDII 基金和 FOF 基金。

QDII 基金也属于上文所说的常见 LOF 基金类型之一。QDII 代表 Qualified Domestic Institutional Investor，即"合格境内机构投资者"，简称"境内机构投资者"。

根据中国证监会发布的《合格境内机构投资者境外证券投资管理试行办法》第二条，合格境内机构投资者是指符合该试行办法规定的条件，经中国证监会批准在我国境内募集资金，运用所募集的部分或者全部资金以资产组合方式进行境外证券投资管理的境内基金管理公司和证券公司等证券经营机构。

简单来说，QDII 基金是指 QDII 机构在中国境内募集资金，以资产组合方式，运用部分或者全部资金，进行境外证券投资管理的基金。换言之，QDII 基金募集的资金并非投资境内标的，而是投资境外标的。

打个比方，"××道琼斯美国石油开发与生产指数证券投资基金（QDII-LOF）C类"基金的投资标的就是道琼斯美国石油开发与生产指数，此基金所持的均为与道琼斯美国石油开发与生产指数相关的石油股或能源股。

说完 QDII 基金，再来聊聊 FOF 基金。需要强调的是，FOF 基金并非 LOF 基金的分类之一。FOF 的全称是 Fund of Funds，中文意思为"基金中基金"。FOF 基金的投资标的并非证券、债券等有价证券，而是其他普通基金。

中国证监会发布的《公开募集证券投资基金运作管理办法》第三十条规定："百分之八十以上的基金资产投资于其他基金份额的，为基金中基金。"由于 FOF 基金投资于其他基金，因此也被称为"母基金"。换言之，FOF 基金所投的基金就好比 FOF 基金用资金"养育"的"子基金"一般。

FOF 基金的投资标的是其他普通基金，而其他普通基金则根据投资标的主要可分为 5 类：货币型基金、债券型基金、股票型基金、指数型基金、混合型基金。

除了混合型基金之外，其他 4 种类型基金名称的前缀词语便是其投资标的。比如，货币型基金的投资标的是货币工具，包括短期国债、央行票据、商业票据、银行定期存单、同业存款等短期有价证券。债券型基金的投资标的则是债券，以此类推。下面将分别介绍这几类基金。

1. 货币型基金

货币型基金，也称为货币市场基金（Money Market Fund），简称为"货币基金"。

根据中国证监会、中国人民银行审议通过的《货币市场基金监督管理办法》第二条，货币市场基金是指"仅投资于货币市场工具，每个交易日可办理基金份额申购、赎回的基金"。

从历史渊源来看，我国货币基金的序幕开启于 2003 年。我国首批公募基金公司之一的华安基金管理公司发行的"华安现金富利基金"在 2003 年 12 月 30 日正式成立，这是我国基金史上的第一只货币基金。包括华安基金管理公司在内，首批获准发行货币基金的公募基金公司共有 3 家，另外两家分别是博时基金管理公司和招商基金管理公司。

在 2003 年后的十年间，我国货币基金投资的参与者仍以机构与大户投资者为主，直至 2013 年 6 月 13 日，支付宝的"余额宝"的正式亮相，才拉开我国全民参与货币基金投资的序幕。只要是支付宝用户，将支付宝账户的钱转到余额宝，系统就会自动购买默认的或用户自选的货币基金，低至 1 元即可参与基金投资，几乎没有资金门槛可言，并且可以随时赎回，相当灵活方便。

起初，余额宝的"7 日年化收益率"长期在 5%左右，偶尔超过 6%，甚至逼近 7%，这极大地调动了民众参与余额宝投资的热情。一时间，大爷、大妈、三姑六婆都在投。与此同时，银行开始陆续推出各种"宝"系列货币基金。时至今日，货币基金几乎成为人皆可投的低门槛基金。

无论是支付宝的余额宝、微信的零钱通，还是银行的各种"宝"系列基金，都属于货币基金。看到这里，估计有不少朋友恍然大悟，原来自己也是基金投资者。事实确实如此，只不过以前是"只缘身在此山中"而已。货币基金非常容易辨认，因为其名称中通常会直接带"货币"二字。

虽然近几年货币基金的 7 日年化收益率大致在 2%上下，对比以往 5%或 6%的收益率来说，相差甚远，但是仍旧有广泛的人群通过支付宝的余额宝和微信的零钱通在参与货币基金投资。因为货币基金比银行活期存款和短期定期存款利率高，而且风险系数极低，几乎不会出现亏本的情况。

为什么货币基金几乎不会出现亏本的情况呢？这是因为货币基金的投资标的是包括短期国债、央行票据、商业票据、银行定期存单、同业存款等短期有价证券在内的货币工具，这些投资标的都是风险极低的类型，导致货币基金的风险也极低。因此，货币基金也被誉为具有"类储蓄"属性的基金，是 5 类基金中风险最小的基金类型。话说回来，风险与收益预期密不可分，风险高意味着收益预期相对高，风险低就意味着收益预期相对低。货币基金的收益预期是 5 类基金之中最低的。

不可忽视的是，货币基金还可以零"费"又免税，即无须缴纳手续费、认购费、申购费和赎回费,并且分红免收所得税。所以,对刚进入基金市场的新手来说,还是有必要着重了解和配置货币基金的。等具备了一定的投资经验与投资心得,并且了解指数型基金、债券型基金、混合型基金和股票型基金等其他类型基金的知识之后,再逐步进阶。

2. 债券型基金

债券型基金(Bond Fund)也简称为"债券基金"。我国境内的第一只债券型开放式基金是 2002 年 8 月 18 日南方基金管理公司发行的"南方宝元债券型基金"(简称"南方宝元")。

那么,什么是债券基金呢?根据《公开募集证券投资基金运作管理办法》第三十条,"百分之八十以上的基金资产投资于债券的"为债券基金。这里的"债券"主要包括国债、地方政府债券、金融债券、可转债等债券类型。

国债的发行主体是国家,是以国家信用作为发行担保与背书的债券,而国家信用属于最高级别的信用,因此背靠国家信用的国债被公认为是具有最高安全系数的债券。换言之,如果一只债券基金的资金主要用于投资国债,即"国债型债券基金",显然这只债券基金出现本金亏损的概率就极低。

不过,如果一只债券基金的资金主要用于投资金融债券或可转债,尤其是包括可转债在内的公司债券,则亏损概率会高于国债型债券基金。为什么这样说?因为在全球经济景气度低或发债公司经营不力的情况下,公司债券出现违约的概率会更高,会导致相应债券基金出现亏损。

简单来说,债券基金没有货币基金的"类储蓄"属性,虽然亏损的概率也很低,但是并不意味着零风险。所以,在选择债券基金的时候,一定要看看基金介绍中注明的债券类型和投资标的具体占比。当然,如果追求更高的收益预期,那么可以考虑非国债型债券基金。

前面提到,将 80% 以上的基金资产投资于债券的基金为债券基金,而将接近 100% 的基金资产投资于债券的基金则称为"纯债基金",属于风险最低的债券基金类型。

通常，纯债基金的名称中会标明"纯债"字样。

常见的纯债基金主要有短期纯债型基金（即短债基金）、中期纯债型基金（即中债基金）、长期纯债型基金（即长债基金），一些基金公司还会发行中短期或中长期类型的纯债基金。

除了纯债基金之外，债券基金还有哪些分类呢？除了纯债基金之外，债券基金还可以分为一级债基、二级债基和可转债基金。

（1）一级债基

一级债基是指将募集的资金用于投资固定收益类金融工具的债券基金。这里的固定收益类金融工具主要包括国债、金融债、公司债、可转债等。以往的一级债基，除了可以投资债券，还能参与股市的"打新股"投资。不过，在2012年7月中国证券业协会发布《关于首次公开发行股票询价对象及配售对象备案工作有关事项的通知》之后，一级债基就不再参与股市的"打新股"投资了。

话说回来，由于一级债基可以配置可转债，启动可转债的转股选项，也相当于"曲线"参与了股票投资。

（2）二级债基

"二级债基"中的"二级"指的是二级市场，即日常所说的股市。简单来说，二级债基是投资债券和股票，以及打新股的基金。除了投资债券与打新股之外，二级债基还可以在股市中交易股票，因此二级债基的风险系数比一级债基与纯债基金的要高一些。换言之，如果二级债基买入的股票大跌，就会波及基金的净值。

注重资金安全，倾向稳健投资风格的投资者，在挑选债券基金的时候，应该首选纯债基金或一级债基，而不是风险系数更大的二级债基；反之，追求高收益的投资者则可以多留意二级债基。

（3）可转债基金

顾名思义，可转债基金是将募集的资金用于投资可转债的债券基金。A股上市公司发行可转债是常见的现象，这也是基金公司发行可转债基金的主要原因之一。

正如上文所说的，在发债公司经营不善的情况下，公司债出现违约的概率会更高，而可转债作为公司债的主要类型，其表现会受到发债公司经营状况的影响。

比如，发行可转债的 A 公司出现债券违约，B 可转债基金的一部分资金投资了 A 公司的可转债，显然，A 公司债券违约的负面效应就会波及 B 可转债基金；反之，如果 A 公司的可转债行情很好，那么 B 可转债基金自然也会从中受益。

总的来说，纯债基金、一级债基的风险通常要低于二级债基，而可转债基金的风险则要高于二级债基；主要投资于国债的债券基金，其安全系数高于那些大量投资金融债、公司债、可转债的债券基金。因此，在买入债券基金前，应先了解意向的债券基金所投资的具体债券类型和比例，如果符合自己的风险承受能力和投资意向，则再进一步做投资决策。此外，之所以一再强调比较不同债券基金的风险，是因为选择债券基金的投资者，大多属于稳健型投资者，他们更看重的是投资的安全性，而非冒着风险追逐高收益。

3. 股票型基金

股票型基金，也简称为"股票基金"，是指将募集的资金用于投资股票的基金。根据《公开募集证券投资基金运作管理办法》第三十条，"百分之八十以上的基金资产投资于股票的"为股票基金。换言之，股票基金用于投资股票的资金不能低于 80%。一般而言，股票基金的名称中都会包含"股票"字样。

股票的走势通常起伏不定，这就意味着将大部分资金投资于股票的股票基金的行情走势也会如此。换言之，要是股票基金所持有的股票组合中的股票表现不佳，那么股票基金自然没有"好果子"吃。

进一步讲，如果股票基金持有的股票表现出色，那么股票基金的收益预期会较高，投资者吃香喝辣自然不在话下。用俗话来说，股票基金有点儿"富贵险中求"的意味。

尽管股票基金的风险较高，但是投资一只股票基金对比直接投资一只同类型的股票，前者的风险却相对可控，主要原因有以下三点。

（1）基金经理比普通投资者更专业

与大部分普通投资者相比，股票基金的基金经理拥有更专业的投资知识和技能，能根据股票情况做出更有效的投资决策，可以降低由于专业知识与技能不足而带来的投资风险。

（2）股票基金的风险相对分散

股票基金参与股票投资的方式是股票组合。通常，股票组合里有多只股票，属于分散投资或组合投资的方式，风险就会相对分散。相比之下，投资单只股票，风险则相对集中。显然，与一组股票相比，一只股票面临的不确定风险更高。

（3）股票基金注重长期投资

通常，股票基金被视为长期投资工具。基金经理会秉持长期投资的理念来配置基金的股票组合和制定投资计划，关注的是股票组合的长期表现，从而减少了短期市场波动对投资回报的影响。

总的来说，对大部分普通投资者而言，买股票基金的风险低于直接买股票。不过，凡事无绝对，对于已有成熟且有效的股票交易策略体系的投资者来说，自己炒股可能更合适。

4. 指数型基金

指数型基金（Index Fund）也简称为"指数基金"。在深入了解指数基金之前，我们先来聊聊"指数"。需要强调的是，这里所说的指数特指"股票价格指数"（Stock Index，简称"股价指数"）。本书第 3 章介绍了股价指数的相关知识，这里简单回顾一下。我国 A 股最早的股价指数是 1991 年 7 月 15 日上海证券交易所发布的"上证综合指数"，简称"上证综指"或"上证指数"。

无论上证指数、沪深 300 指数，还是其他指数，它们都是由不同数量的成份股编

第 4 章
基金宝库：资产多样化配置的利器

制而成的。比如，上证 50 指数有 50 只成份股，沪深 300 指数则包含 300 只成份股。

简单来说，指数基金是以特定指数的全部或部分成份股为投资对象的基金。

我国境内的第一只指数基金诞生于 2002 年，它以 2002 年 7 月 1 日上海证券交易所发布的上证 180 指数作为跟踪基准。这只指数基金就是"华安上证 180 指数增强型证券投资基金"，简称"华安 180"，由华安基金管理有限公司在 2002 年 10 月发行。

如今，指数基金已经相当普遍，不仅有跟踪上证 180 指数的基金，还有跟踪上证 50、沪深 300、中证 500、中证 100 和深证 100 等指数的基金。一般而言，常见的指数基金主要分为以下两个类型。

（1）宽基指数基金

宽基指数指的是其成份股覆盖多个不同行业的指数。以宽基指数为投资对象的基金就被称为宽基指数基金。

例如，上证 50 指数包含来自多个不同行业的 50 只成份股，属于宽基指数。沪深 300、中证 100 等指数同样属于宽基指数。以这些指数为投资对象的基金便属于宽基指数基金。

（2）窄基指数基金

正如成都著名的旅游景点"宽窄巷子"一样，有宽基指数基金，自然就有窄基指数基金。窄基指数指的是其成份股全部来自某个特定行业或某个特定主题领域的指数。同理，以窄基指数为投资对象的基金便是窄基指数基金。

例如，医药行业指数、银行行业指数均属于窄基指数，以这些指数为投资对象的基金便是窄基指数基金。

常见的窄基指数基金主要有两大类型：行业指数基金和主题指数基金。行业指数基金是指投资于某个特定行业的指数基金，主题指数基金则是指投资于某个特定主题领域的指数基金。

例如，医药 ETF、银行 ETF、酒 ETF、消费 ETF、农业 ETF 等属于行业指数基金，而上海国企 ETF、新兴产业 ETF 等则属于主题指数基金。

上面提到的 ETF 是最主要且最常见的指数基金。ETF 的英文全称为 Exchange Traded Fund，中文意为"交易型开放式指数基金"。简单来说，ETF 是在证券交易所上市交易的、基金份额可变的开放式基金。

需要注意的是，无论是宽基指数基金还是窄基指数基金，它们都具有指数基金的最大特征——被动复制指数。

简单来说，指数基金不强求要有超越所复制的指数或同期市场的优异表现，但求能被动复制指数的表现，属于比较"知足常乐"的基金类型，用网络流行语来说，就是"佛系"基金。因此，指数基金又被称为典型的"被动型基金"。

与被动型基金相对的是主动型基金。与被动型基金的被动复制指数不同，主动型基金具有较强的"主动性"，力求通过主动出击实现超越同期市场表现的目的。

有些基金公司意识到纯指数基金过于被动，有点儿"不思进取"，于是发行了"ETF 增强基金"。这是与 ETF 相关的三大常见基金类型之一，其他两大类型分别是场内 ETF 和 ETF 联接基金。

场内 ETF 比较容易理解，即在股市中交易的 ETF，也是最典型的 ETF 类型。上文提到的医药 ETF、银行 ETF、酒 ETF、上海国企 ETF、新兴产业 ETF 等均属于场内 ETF，需要开立证券账户或基金账户后才能交易。

为了让没有证券账户或基金账户的投资者也能参与 ETF 投资，基金公司发行了一种场外交易的 ETF 类型——ETF 联接基金。在实践中，ETF 联接基金的名称中带有"联接"二字。此外，就算没有证券账户或基金账户，投资者也可以通过支付宝、微信或其他第三方平台的基金频道交易 ETF 联接基金。

那么，ETF 增强基金又是什么呢？通常，ETF 指数基金被动复制相应的指数、行业指数或主题指数，这就是所谓"被动复制"的意思。例如，一只复制上证 50 指数的 ETF 指数基金，其走势会被动地跟踪上证 50 指数的走势。

第 4 章
基金宝库：资产多样化配置的利器

ETF 增强基金则不是被动地复制指数，而是有所"增强"，即增加或强化了基金经理的主动意图。具体来说，ETF 增强基金的基金经理会主动根据市场趋势或所跟踪指数的走势，主动调整成份股组合和仓位配置。因此，ETF 增强基金的净值走势可能与相应的 ETF 走势不尽相同：它可能比 ETF 的表现好，也可能与 ETF 差不多，还有可能比 ETF 差。换言之，ETF 增强基金的表现与基金经理的管理能力和状态密切相关。

虽然 ETF 增强基金强化了基金经理的主动管理，但是归根结底仍属于 ETF，因此 ETF 增强基金的大部分资金依然用于被动复制指数，只有小部分资金用于"增强"。换言之，ETF 增强基金的"主菜"还是被动复制指数，只是添加了"增强"这道"配菜"而已。这就意味着，尽管 ETF 增强基金有增强因素，却未必会有遥遥领先于指数的表现，不过小幅度的超越还是可以实现的。在实践中，联接基金的名称中会带"联接"二字，ETF 增强基金的名称中则会带"增强"二字。

讲完指数基金的相关常识，我们再来聊聊指数基金的优势。"股神"巴菲特在致伯克希尔股东 1993 年的信中[①]写道："By periodically investing in an index fund, for example, the know-nothing investor can actually out-perform most investment professionals."这句话的意思是，通过定期投资指数基金，即便对投资一无所知的业余投资者也能够战胜大部分专业投资者。这体现了巴菲特对指数基金的看重。

那么，指数基金究竟有什么样的优势能让"股神"巴菲特如此推崇呢？

（1）指数基金的管理费较低

巴菲特在 1996 年致伯克希尔股东的信中，曾如此说过："Most investors, both institutional and individual, will find that the best way to own common stocks is through an index fund that charges minimal fees."这句话的意思是，大部分投资者，包括机构投资者和个人投资者，早晚会发现投资股票最好的方法，就是购买管理费很低的指数基金。这说明巴菲特推崇指数基金的关键原因之一就是指数基金的管理费很低。

指数基金的管理费之所以低，主要原因在于基金经理基本只需要被动跟踪指数就

---

① 访问伯克希尔·哈撒韦公司（Berkshire Hathaway Inc.）官方网站可阅读信件原文。

可以了，管理难度相对低。他们不需要像主动型股票基金的基金经理那样，"点灯熬夜"研究该买什么股票、何时买、怎么买等问题。因此，相对而言，指数基金的管理成本要低不少，向基金投资者收取的管理费也相应低一些。

（2）基金经理的个人影响较小

指数基金是典型的被动型基金。除了添加了小部分增强因素的 ETF 增强基金之外，其他指数基金的操作主要是被动复制特定指数。因此，基金经理的选股能力、运作水平和管理状态对指数基金的影响较小。换言之，就算指数基金的基金经理换来换去，也不用担心会对基金的未来表现产生重大影响。

（3）指数基金的风险普遍低于主动型股票基金

一般来说，指数基金跟踪的是特定指数全部的或部分成份股。能被纳入指数的成份股，其背后的公司通常都是各行业的翘楚，投资的安全性较高。而且指数的成份股不止一只股票，而是多只股票，少则十几只、几十只，多则上百只、数百只，充分诠释了"鸡蛋不放在同一个篮子里"的组合投资理念，有效分散了风险。所以，对比主动型股票基金，指数基金的风险普遍要低一些。

总的来说，虽然指数基金是与股市或股票相关的基金中风险最小的类型，但并不意味着零风险。因此，投资者不能以"一把梭"的方式一次性买入指数基金，而是应当如"股神"巴菲特所说的那样长期定投。

5. 混合型基金

混合型基金（Blend Fund）又简称为"混合基金"。根据《公开募集证券投资基金运作管理办法》第三十条，投资于股票、债券、货币市场工具或其他基金份额，并且股票投资、债券投资、基金投资的比例不符合股票基金、债券基金、基金中基金的，为混合基金。

混合基金的英文名称中的"Blend"意为"混合物"，混合基金的"混合物"主要是债券和股票，根据两者的不同混合比例，混合基金分为 4 种类型，如表 4-3 所示。

表 4-3 4 种混合基金类型

序号	混合基金类型	混合情形
1	偏股型混合基金	以股票为主，同时配置一定比例的债券、可转债
2	偏债型混合基金	以债券为主，同时配置一定比例的股票、可转债
3	平衡型混合基金	股票、债券的配置比例相对均衡
4	配置型混合基金	根据市场运行情况具体调整股票与债券的配置比例

混合基金的名称中会直接包含"混合"二字，较易分辨。不过，仅从混合基金名字的简称或全称中无法看出具体的投资对象及其配置比例，投资者需要查阅基金的《招募说明书》或《基金合同》获取这些信息。

上述 5 种常见的基金类型，从投资风险的角度来看，通常投资风险最高的是股票基金，最低的则是货币基金。投资风险从高到低的排序是：股票基金、混合基金、指数基金、债券基金、货币基金。投资者可以根据自身的风险承受能力，选择适合自己的基金类型。

4.1.4 基金净值

上市公司的股票价值体现在股价上，那么，基金的价值体现在哪里呢？答案就是基金净值，它是衡量基金价值的核心指标之一。简单来说，基金净值就相当于股价，股价代表每一股股票的单价，而基金净值则代表的是每一份额基金的单价。

不过，基金净值和股票价格的最大区别是，不同上市公司的股票的发行价都不尽相同，而不同基金在发行时的净值都是统一的，既不能溢价发行，也不能折价发行，而是以"1.0000 元"作为初始发行净值。

在查看基金净值的时候，我们经常会看到与净值相关的两个术语：单位净值和累计净值。基金的单位净值指的是每份基金单位的净资产价值，相当于每股股票的价格；累计净值则是自基金正式成立之日起至统计截止时间的净值。

如果一只基金的净值低于 1.0000 元，就说明这只基金"破发"了，对于在发行期认购且仍持有此基金的投资者来说，就意味着他们目前处于浮亏状态；反之，如果一只基金的净值高于 1.0000 元，对于在发行期认购且仍持有此基金的投资者来说，则意味着他们处于浮盈状态。

4.2 基金名称后缀带"A"与带"C"，究竟有什么区别

在实践中，投资者时常会看到基金名称后缀带有字母"A"或"C"。刚接触基金的投资者可能会产生这样的困惑：基金名称中的字母后缀"A"与"C"，两者究竟有什么区别？

基金名称后缀带"A"的被称为"A 类基金"，而带"C"的则被称为"C 类基金"。这两类基金最大的区别是它们收取的基金费不同。在详细讲解费用差异之前，先介绍一下基金相关的费用构成。

根据中国证监会发布的《开放式证券投资基金销售费用管理规定》第二条，基金销售费用是指"基金销售机构在中华人民共和国境内，发售基金份额以及办理基金份额的申购、赎回等销售活动中收取的费用"。根据上述管理规定的第五条，基金销售费用主要包括销售服务费、申购（认购）费、赎回费。

4.2.1 销售服务费

《开放式证券投资基金销售费用管理规定》第二条定义了基金销售机构"是指办理基金销售业务的基金管理人以及经中国证监会注册取得基金销售业务资格的其他机构"。

简单来说，基金销售机构必须获得基金销售业务资格，即俗称的"基金销售牌照"，并且在其名称中应包含"基金销售"几个字。

销售服务费是支付给基金销售机构的营销费用，根据《开放式证券投资基金销售费用管理规定》第九条，基金销售机构可以对基金销售费用实行一定的优惠费率。

在实践中，不同的基金销售机构收取的销售服务费费率不尽相同，不同基金产品的费率也有差异，比如有的是 0.40%，有的是 0.50%，还有的是 0.80%。一般在基金的费率标准文件中会注明具体的费率比例。

4.2.2 申购费与认购费

在介绍申购费与认购费之前，我们先简单了解一下什么是申购。申购的全称是"申请购买"，这一术语常用于开放式基金。在基金正式成立后，投资者买入基金份额的交易行为称为"申购"；而在基金的发行募集期，即"认购期"，买入基金份额的交易行为，则称为"认购"。

换言之，基金申购是投资者向基金管理人申请购买开放式基金份额的交易行为。也就是说，申购是买入基金的一种交易行为。进一步讲，申购费和认购费就是投资者申购或认购基金时需要支付的交易手续费，类似于买入股票时支付给证券公司的"买入佣金"。

根据《开放式证券投资基金销售费用管理规定》第六条，基金管理人发售基金份额、募集基金，可以收取认购费。基金管理人办理基金份额的申购，可以收取申购费。

在实践中，不同基金公司发行的基金的申购费率会有所不同，这些费率一般会在基金详情中列明。在支付宝、微信等第三方平台提供的基金销售渠道中，申购（认购）费的费率常有优惠。值得注意的是，货币基金通常不收取申购（认购）费，债券基金的申购（认购）费率普遍低于指数基金、混合基金和股票基金。

4.2.3 基金赎回费

赎回是与申购相对的交易行为。简单来说，基金赎回是投资者卖出开放式基金份额的交易行为。基金赎回费是投资者赎回基金时需要支付的手续费，类似于卖出股票时支付给证券公司的"卖出佣金"。

通常，基金公司收取的赎回费与投资者持有基金的时长有密切关系。一般来说，持有的时间越长，赎回费率越低；超过一定的时长，赎回费率甚至为零，也就是不收取赎回费。

根据《开放式证券投资基金销售费用管理规定》第七条，收取销售服务费的基金"对持续持有期少于 30 日的投资人收取不低于 0.5%的赎回费，并将上述赎回费全额计入基金财产"。而不收取销售服务费的基金"对持续持有期少于 7 日的投资人收取不低于 1.5%的赎回费，对持续持有期少于 30 日的投资人收取不低于 0.75%的赎回费，并将上述赎回费全额计入基金财产；对持续持有期少于 3 个月的投资人收取不低于 0.5%的赎回费，并将不低于赎回费总额的 75%计入基金财产；对持续持有期长于 3 个月但少于 6 个月的投资人收取不低于 0.5%的赎回费，并将不低于赎回费总额的 50%计入基金财产；对持续持有期长于 6 个月的投资人，应当将不低于赎回费总额的 25%计入基金财产"。

在实际操作中，虽然基金的申购费、认购费通常会有优惠费率，但赎回费率很少有优惠的情况。显然，基金公司更倾向于鼓励投资者长期持有基金，而非进行短线博弈。

4.2.4 基金运作费

基金运作费主要包括两大类，分别是管理费和托管费。管理费是投资者支付给管理基金的基金管理人的报酬。管理费一般与基金的风险密切相关，基金的风险越低，则管理难度越低，管理费就相对较低；反之，基金的风险越高，则管理难度越高，管理费就相对较高。

在常见的 5 类基金中，货币基金的风险最低，管理难度也最低，因此其管理费最低；股票基金的风险最高，管理难度最大，因而管理费也最高。

基金管理人收取管理费，基金托管人则收取托管费，也就是基金的托管银行会收取费用。通常，基金的托管费率是每年 0.1%。

此外，基金的其他运作费还包括信息披露费、会计师费、律师费、审计费、基金份额持有人大会费用、银行汇划费用等。这些运作费用并不时常发生，费率也较低，在此不再详细介绍。

需要注意的是，基金的申购费、认购费和赎回费属于基金交易手续费，是一次性费用，投资者在交易时一次性支付；而基金的销售服务费、管理费和托管费属于基金运作费用，是持续性费用，会在基金资产中每日计提。

简单来说，投资者在申购、认购或赎回基金时，需要支付的申购费、认购费、赎回费，会从投资者"个人的钱"里扣除；基金的销售服务费、管理费、托管费则不是从投资者"个人的钱"里扣除的，而是从该基金所有投资者的钱汇集而成的"大家的钱"即基金资产之中扣除的。

尽管看似是"大家的钱"，但实际上仍是由每位投资者"个人的钱"汇集而成。所以，在筛选基金时，投资者可以优先考虑运作费率更低的基金类型，以降低此类成本，当基金分红时也能多分"一杯羹"。

了解基金的主要费用与费率之后，就很容易理解 A 类基金与 C 类基金的费用区别了。A 类基金的主要费用包括申购费、认购费、赎回费、管理费和托管费，不收取销售服务费；C 类基金的主要费用则包括赎回费、销售服务费、管理费和托管费，不收取申购费和认购费，具体如表 4-4 所示。

表 4-4　A 类基金与 C 类基金的费用情况

序号	费用类型	收取方式	A 类基金	C 类基金
1	申购费、认购费	一次性收取	有	无
2	赎回费	一次性收取	有	有
3	销售服务费	每日计提	无	有
4	管理费	每日计提	有	有
5	托管费	每日计提	有	有

从实战的角度来看，由于 C 类基金在申购或认购时不收取申购费或认购费，并且有的 C 类基金持有时间超过 7 日后，赎回费率是 0，即不收取赎回费，因此 C 类基金更适合短期投资。而 A 类基金有申购费和认购费，并且通常需要持有较长时间后赎回

费率才为 0（A 类基金普遍规定，持有时间超过 730 天赎回费率才降为 0），所以 A 类基金更适合长期投资。

4.3 选"网红基金经理"，就能万事大吉吗

2007 年前后，公募基金界曾出现过"基金一哥"，到了 2020 年，又有了新的"基金一哥"，还有"基金一姐"等。其实，基金经理之所以被市场誉为"一哥"或"一姐"，都是因为他们管理的基金在特定时间段内大赚特赚，而且在业内有超群的表现。按照网络流行语，这些表现出色的基金经理会被称为"顶流基金经理"或"网红基金经理"。那么，投资者在买基金的时候，是不是选"网红基金经理"管理的基金就好了？是不是只要选他们管理的基金就能保证万事大吉呢？

在移动互联网时代，信息传播得更快也更广，涌现出了很多网络"大 V"、网络红人，俗称"网红"。不仅是娱乐圈、直播圈，乃至体育圈、互联网圈、金融圈都有各自的"网红"。无论是哪个圈的"网红"，都有一大批粉丝或支持者。

在金融圈，"网红基金经理"的粉丝或支持者也不少。与其他圈子不同的是，这些粉丝或支持者都是具有购买力和投资能力的主流人群，只要是"网红基金经理"管理的基金，往往就会受到这些投资者的追捧，以至于有的"网红基金经理"所管理的基金曾经出现限购的现象，支持者们实在太热情了。

有道是"时势造英雄"，在 2020 年追随"网红基金经理"购买基金，这种方法曾很有效。2020 年基金市场有一轮向好的上涨行情，很多在 2020 年买入"网红基金经理"管理的基金的投资者确实收获了不错甚至丰厚的收益。不少"网红基金经理"更红了。

但是，如果投资者在 2020 年的浮盈期间没有及时止盈，那么在 2021 年市场"画风变了"之后就比较郁闷了。因为一些曾在 2020 年表现异常惊艳的基金，在 2021 年

的表现却格外吓人。为什么？因为这些基金在 2021 年普遍遭遇了超过 30% 的大幅回撤。

打个比方，如果投资者买基金，当基金上涨 100% 时，资产才能从 10 万元增长到 20 万元，然而只要基金下跌 50%，资产就会从 20 万元跌回 10 万元。

虽然 2020 年表现亮眼的基金并没有在 2021 年回撤 50%，但是回撤 20%~30% 就足以使原本 100% 的浮盈"腰斩"。这还是账面有 100% 浮盈的投资者的情况，对于那些账面浮盈未及 100% 的投资者，基金回撤 20%~30%，估计浮盈就成为"浮云"了。至于赚的更少的或在市场高点才进场的投资者，账面大概率会出现浮亏。

可见，买"网红基金经理"管理的基金并不会百事无忌，更不会万事大吉。更进一步说，无论是哪位基金经理管理的基金，只要是偏股型的行业基金或主题基金，基本上都会受到相应行业或主题股票涨跌周期的影响。既能吃到顺周期的红利，还能吃到逆周期的"果子"，这种"鱼与熊掌兼得"的行业基金或主题基金几乎是不存在的。

看到这里，就不难理解 2020 年风光无限的医疗基金在 2021 年就只剩下"在险峰"的下跌回撤了。因为医疗基金也有涨跌周期，并不是只涨不跌，当然也不会只跌不涨，而是有起有伏。所有的基金行情都是有高峰也有低谷，经历了低谷，又会在某个阶段重登高峰，就如大自然的潮起潮落一般，这是最自然不过的规律。

细心的投资者会发现，其实无论是"顶流基金经理"还是"网红基金经理"，都是"三十年河东，三十年河西"，只是看今年行情轮转到了哪里而已。能十年如一日地保持旗下基金稳坐同类型基金前三强宝座的基金经理屈指可数。道理很简单，"短期暴富不难，长期富贵不易。"

因此，在买基金时，不必过于关注基金经理的名气。坦白讲，还是得看基金本身，看所选基金的资金投资方向、投资的行业或主题，这才是关键。在实践中，相同行业或相似主题的基金的投资组合往往大同小异。既然如此，只要不是太差劲的基金经理，在同等级或相差不大的基金经理中选择，买谁管理的基金并没有太大区别。

话说回来，在非"顶流"或"网红"的基金经理中，选择相对靠谱的基金经理并非闭眼盲选就行，仍需掌握相应诀窍。我总结了筛选基金经理的诀窍——"5·15 标准"。

其中，"5"指的是基金经理的从业经验至少为 5 年，并且经验越丰富越好。简单来说，一名基金经理的从业时间越长，市场经验就越丰富，经历过牛市与熊市的考验，在遇到相似的行情时，有更充足的经验去应对，做出更适宜的决策。

"15"则是指基金经理所管理的主要基金，至少在最近 3 至 5 年内年化收益率达到 15%以上，而且达到 15%年化收益率的年份越多越好。为什么要设定年化收益率的标准？

原因很简单，虽然基金经理的从业时间越长越好，但是时间长并不意味着业绩优秀。就好比不少股民有超过 10 年的炒股经验，但炒股成绩未必就很出色。换言之，经验的长短并不直接等同于成功。所以，在 5 年以上从业经验的基础上增加年化收益率作为评判标准，就显得尤其必要。

简单来说，"5·15 标准"既要求基金经理具有较长的从业经验，又要求其管理基金的业绩得拿得出手。符合"5·15 标准"的基金经理更值得信赖，他们管理的基金也更值得信赖。

4.4 虽然基金适合长期定投，但是这种基金做短线交易也很爽

通常一说到基金，人们普遍的观点就是，基金更适合长期投资，尤其对新手来说，采用长期定投的方式来参与基金投资会更加适合。那么，什么是基金定投呢？为什么新手更适合做基金定投？是不是所有的基金都适合定投呢？

基金定投的"定"指的是三个"定"，即定期、定额、定向。换言之，基金定投

第 4 章
基金宝库：资产多样化配置的利器

就是定期、定额投资定向的基金。

比如，阿珍在每月的 7 日定投 1000 元 A 基金。这里，每月 7 日是定期，定投 1000 元是定额，投资 A 基金就是定向。

在实践中，支付宝、微信等第三方平台基金渠道的定投金额起点普遍为 10 元，这显然是大多数投资者都可以接受的定投门槛。甚至还有仅 1 元就能申购的基金，几乎人人都可以参与投资。

尽管参与基金投资很容易，但是要准确把握买入时机却不是那么简单的事情。有些投资者一开始不懂或尚未掌握必要的基金知识与技巧，把所有投资本金"一把梭"都买了基金。要是刚好"不走运"，在高位买入，此后基金连续下跌，就会发现自己面临"浮亏"而被套牢，但此时后悔已经来不及，投资心态很容易"崩"。这也是建议新手选择基金定投的主要原因之一。

基金定投采用的是分批买入、分仓位买入的方式，而不是一下子用全部投资资金买入基金。也就是说，在定投的初期，并不将本金全部用完，而是预留一部分。这样，就算是一开始在基金净值的高位买入，也可以用预留的资金持续定投而进一步摊低持仓成本，从而尽早解套或扭亏为盈。这种现象就是所谓的"U 形微笑曲线"。

通常，基金的最低定投金额是 10.00 元，定投周期主要包括 4 种类型，分别是每周、每两周、每月和每日。如果定投周期是每周或每两周，则可以选择在每周或每两周的周一至周五定投。如果定投周期是每月，则可以选择每月的具体日期定投。在对意向的基金设置好定投的金额和周期之后，基金平台就会自动从绑定的银行账户中划款，非常简单便利，节省了投资者的时间和精力。

对于新手来说，采用定投的方式就不用一直盯着基金行情，节省了盯盘时间，还减少了因市场短期波动而带来的心理压力。换句话说，坚持长期基金定投，可以逐步培养良好的理财习惯，有积少成多的效果。如果后市行情向好，则还能获得相对可观的收益。

综合而言，虽然与股票相比，基金的风险不算高，但还是存在风险的。所以，在选择基金的时候，一定要先详细了解基金的情况，然后根据自己的风险承受能力来决定是否买入。对新手而言，在确定要买入某只基金之后，更适宜采用定投的方式，而不是一看基金行情挺好，就火急火燎地进场，匆匆忙忙地"一把梭"，把手头上的投资本金都用完。特别是对于风险较高的指数基金、混合基金和股票基金，更应当采用定投的方式。

通常，在资金充足的情况下，具有"类储蓄"特性的货币基金更适合一次性买入。因为在基金行情一般时，货币基金的 7 日年化收益率往往呈现逐步下降的趋势，所以在较早的时间一次性买入可能会获得相对高的收益。不过，基于个人资金调配需要而定投货币基金也并非不可。

都说新手更适合做长期基金定投，那么，这是不是意味着所有投资者都只适合做长期基金定投呢？答案显然是否定的。

其实，基金并非不适合做短线博弈，关键在于用什么样的基金来做短线博弈，以及怎么做。简单来说，只要充分了解各种不同基金的特点，就能找到适合做短线博弈的基金类型。

在常见的 5 类基金中，指数基金更适合做短线博弈，特别是 ETF。作为典型的指数基金，无论是场内交易的 ETF 还是场外交易的 ETF 联接基金，都适合做短线博弈。

打个比方，假设阿珍在 A 证券公司开立的证券账户的佣金比率是万分之 3，那么阿珍交易 ETF 的手续费的费率就是万分之 3，如果以 10,000 元申购场内 ETF，佣金就是 3 元。假设是证券账户的佣金比率是万分之 2.5，那么 ETF 交易的手续费率就是万分之 2.5，以此类推。

首先，场内 ETF 的手续费就是股票的交易佣金。显然，这样的交易费用比场外基金要低很多，因为场外基金的申购费率动辄 1.50%，也就是万分之 150。以 10,000 元申购场外基金，申购费就要 150 元。所以，对于已有证券账户的投资者来说，如果要投资指数基金，可以优先考虑场内交易的 ETF。如果要进一步降低场内 ETF 的交易成本，就可以选择在佣金更低的证券公司开立证券账户。

第 4 章

基金宝库：资产多样化配置的利器

除了手续费低于场外基金，场内 ETF 和股票一样都是采用撮合交易的方式，在交易时间之内只要撮合成功，即能完成交易，而无须像场外基金那样还要等当日净值的收盘价出来以后才能确认最终申购成功的基金份额。

看到这里，没有证券账户的投资者可能会有疑问："没有证券账户是不是就做不了 ETF 投资了？"事实并非如此。为了让场外投资者也能参与场内 ETF 投资，基金公司推出了"ETF 联接基金"。简单来说，ETF 联接基金就是场内 ETF 的场外版，不用开立证券账户，也不用开立基金账户，通过支付宝、微信等第三方平台的基金渠道就能实现交易。

上文说到场外基金的申购费率动辄 1.50%，即万分之 150。那么，场外的 ETF 联接基金是否也要收取这么高的交易费用呢？事实确实如此。在投资 ETF 联接基金的初期，我也曾对如此高昂的交易成本惊讶不已。

打个比方，假设阿珍买入 A 基金，只持有了一天，就算浮盈 3.00%，按照 1.50% 的申购费成本，相当于有一半浮盈要用于支付交易成本，而这还不包括赎回费。

经过持续不断的实践，我后来发现，原来大部分 ETF 联接基金如果持有的时间大于或等于 7 天且小于 30 天，赎回费率（即卖出费率）就会从 1.50% 降至 0.75%，或 0.50%、0.10%，甚至降为 0。

由于不同的基金公司、不同的基金产品可能有不同的规定，因此建议在做投资决策之前，先查看基金的赎回规则，了解具体的赎回费率。

在实践中，为了最大限度节约交易成本，可以优先选择 ETF 联接基金 C，即 C 类的 ETF 联接基金，因为申购 C 类基金，无须支付申购费，这就意味着在买入时，投资者无须像购买 A 类基金那样支付 1.50% 的申购费。

不过，由于赎回 C 类基金即卖出 C 类基金时，需要支付赎回费，因此投资者应选择赎回费率更低的基金产品，尤其是那些持有时间大于或等于 7 天，赎回费率就为 0 的 C 类基金，可以列为优先选择。持有这样的 C 类基金大于或等于 7 天，就能实现"零元购"与"零元售"。换言之，既无须在买入时支付申购费，也无须在卖出时支付赎回费。

但是，管理费、托管费等其他费用还是要支付的。不过这些费用并不多，买入 10,000 元的基金，这些费用大致为 10 元至 12 元，相当于费率为万分之 10 至万分之 12。这虽然比股票交易的双边佣金（佣金比率通常为万分之 5 或万分之 6）要高一些，但是相对万分之 150 的申购费率来说，还是低了不少，因此是可以接受的。

总的来说，如果投资者确实有进行基金短线博弈的意向与需求，需要根据场内和场外的方式来分别做决定。对于场内投资，选择 ETF 更为适宜；对于场外投资，则优先选择 C 类的 ETF 联接基金，并且是持有时间大于或等于 7 天，赎回费率就为 0 的产品。

4.5 买基金，别"基"不择食，更忌日理万"基"

2013 年 6 月，"余额宝"的推出让货币基金成为全民理财的入门级选择，也提高了其他类型基金的投资热度。毫不夸张地说，如今除了房产这种"大件"投资，基金已成为如股票一样受欢迎的理财方式。尤其在移动互联网普及之后，越来越广泛的人群加入基金理财的队伍，并且投资者群体日趋年轻化，很多年满 18 周岁的在校学生也开始参与其中。在基金行情向好的年份，参与基金理财的投资者比例就更高了。

逐利是人类的天性之一，股市行情好，炒股的投资者就多；同样，基金行情好，买基金的投资者也会多，这是很自然的现象。此外，对年轻人来说，在年满 18 周岁后更容易参与基金理财，这也有助于培养和确立自己的理财观。

不过，一个人的理财观是否适合自己，或者是否符合投资潮流，需要经过实践的不断检验与调整。我写这本书的初衷是向读者分享理财的必备知识与"干货"，帮助大家避免"踩坑"，少走弯路。毕竟，理财不同于日常生活的其他事务。就如一句广

第 4 章
基金宝库：资产多样化配置的利器

东俗语所言，"嘢可以乱食，话不可乱讲"，用普通话表达就是"东西可以乱吃，话不能乱说"，我还想再补充一句，"财不可以乱理"，因为理财时乱来，不仅会损失钱财，更会伤及情志。

不乱理财，首先必须树立科学合理的理财观，或者说顺势的理财观。只有这样，才能有顺势而为的理财行为。就基金理财而言，不能因为买基金的门槛低至1元就随意购买，还是应该遵循基金理财的规律和方法。

需要注意的是，基金只是理财之"器"，要实现自己的理财预期，还应掌握基金理财的"道""法""术"。换言之，在掌握基金的基础知识之后，还应该进一步学习基金理财的规律和方法。

在现实中，很多投资者看到别人买基金获得非常好的收益后，往往就"怦然心动"，然后就是"心动不如行动"，火急火燎地入市买基金，并且看人家买什么就买什么，人家推荐什么就买什么，生怕错过了购买时机。一来二去，买了十几只基金，甚至二三十只基金，真的是日理万"基"，简直比基金经理还能买。

但是，"理想很丰满，现实很骨感"，即便基金的表现再好，也不可能谁买了都赚钱，或者随便怎么买都能赚钱。因为基金投资还是有风险的，而且并不是只涨不跌。只有"高抛低吸"才有赚钱的机会，不然大概率被"割韭菜"，到时伤心得拍大腿。

因此，买基金不能跟在超市抢优惠商品一样，看到什么就买什么，切忌"基"不择食。在决定买入之前，要对意向的基金有一定的了解和认知，最忌讳日理万"基"式地一买就买一箩筐。

诚然，在基金行情处于普涨状态时，大多数基金都有上涨的潜力，这时买入基金都可能出现浮盈。然而，如果基金行情不是处于普涨状态，而是普跌状态或者涨跌分化的结构性状态，那么"基"不择食式地买入，显然亏钱的概率就远高于赚钱的概率。更何况，普涨状态的基金行情周期往往要短于普跌状态或涨跌分化的结构性状态的周期。换言之，买入基金就能浮盈的概率并不高，所以，买基金必须谋定而后动，而不是一入市就头脑发热，"基"不择食地"买买买"。

此外，虽然说"不把鸡蛋放在一个篮子里"是组合投资或分散投资的经典理念，但这并不意味着要把鸡蛋放在若干个篮子里。通俗地说，人没有三头六臂，只有两只手十根手指，无法管理那么多基金；人也只有两只眼睛，无法全面关注太多投资。因此，对于个人投资者而言，持有三五只基金更为适宜，最多也别超过七八只。持有的基金数量太多就不是分散风险的组合投资了，而可能变成无法有效管理的乱投资。

在买入合适数量的基金的同时，还应当避免投资的单一性。换言之，对于同一种类型的基金，选择一只进行投资即可，而不同类型的基金则可以同时买几只。

假设阿珍想投资新能源主题的基金，那么，选定一只新能源基金，然后买入就可以了。进一步讲，如果阿珍确定要做长期投资，就可以选一只 A 类的新能源基金，再定投买入；如果打算做短线博弈，就选一只 C 类的新能源基金，再分批、分仓位买入。

根据基金行情的不同状态，投资者可以合理搭配货币基金、债券基金、指数基金、混合基金与股票基金，以实现投资组合的多元化和风险的有效管理。

4.5.1 普涨状态

在基金行情处于普涨状态时，投资者应该重点配置预期收益较高的基金类型。在 5 类基金中，股票型基金风险最高，不过收益预期也最高，其次是混合基金。因此，在基金行情普涨时，可以优先配置股票基金，其次是配置偏股票型的混合基金。

由于基金行情处于普涨状态，就不用过多考虑不同基金间的平衡。此外，基金数量越少，针对性越强，毕竟买的多，基金的交易费用也会更多。换言之，减少基金数量，就可以节省交易成本，所以配置 3 只以内甚至 2 只以内的基金就可以了。在仓位配置方面，可以更激进一些，70%~80%的仓位配置为股票基金，20%~30%的仓位为配置货币基金。当然，如果基金行情非常强劲，或者处于牛市状态，那么将 80%以上甚至 100%的仓位都配置为股票基金并非不可。但是，一旦牛市即将终结，则必须及时落袋为安，而不能"恋战"。

4.5.2 普跌状态

在基金行情处于普跌状态时，投资者应该将大部分仓位配置为安全系数更高的基金类型。显然，有"类储蓄"特性的货币基金是首选，其次是稳健的国债型债券基金，再就是指数基金或逆周期的股票基金。投资者可以将大部分仓位配置为货币基金与债券基金，小部分仓位采用定投的方式投资指数基金或逆周期的股票基金。

假设阿珍有60万元的投资资金，她可以用50%的仓位（即30万元）配置货币基金，30%的仓位（即18万元）配置国债型债券基金，10%的仓位（即6万元）定投指数基金，剩下的10%的仓位（即6万元）用于定投逆周期的股票基金。

有的投资者可能会感到疑惑："在普跌行情下还能满仓操作吗？"其实，这种仓位配置方式看似满仓，实际上非满仓。因为货币基金有"类储蓄"的特性，本金亏损的风险极低，收益率又比银行活期存款和短期定期存款高，并且货币基金具有"随卖随取"的灵活性，所以50%的货币基金仓位相当于可以灵活调配的机动资金。其他仓位的基金如有补仓需求，可以随时调配货币基金去"救场"。所以，即便基金行情处于普跌状态，采用这种仓位配置也是合理的。

4.5.3 结构性状态

基金行情处于结构性状态，意味着基金之间的涨跌出现分化，市场走势不明朗，要判断哪一类基金能够持续上涨，难度也会更大。因此，在结构性状态下，投资者应保持谨慎，主要布局货币基金和债券基金，适当布局指数基金和股票基金。也可以增加布局的灵活性，即布局股票基金的仓位，重点布局适合短线博弈的C类基金。

比如，50%的仓位配置货币基金，30%的仓位配置国债型债券基金，10%的仓位定投指数基金，剩下10%的仓位布局适合短线博弈的C类基金。一旦布局的C类基金不符合短期行情的趋势，进可从货币基金中调配补仓资金"救场"，退也可在短线就及时止损。

总结一下，买基金的精髓就是五个字——"贵精不贵多"，不能"基"不择食，更忌日理万"基"。同时，要针对不同的基金行情状态，制定相应的配置策略与仓位策略，以便最小化风险，实现更高预期收益。

4.6 买这种基金，千万别忽视上市公司的财报情况

有一定"股龄"的股民或经验丰富的老股民，大多都会对股票所属的上市公司的财报有所了解，尤其是对于自己意向的股票或持仓的股票，他们通常会关注这些上市公司财报的情况。价值投资者更是如此，他们非常重视上市公司的财报表现。

那么，如果不炒股，只是投资基金，还有必要看上市公司的财报吗？

现在，越来越多没有炒过股的年轻人在投资基金或准备入市投资基金，如果你所投资的基金中包括股票基金，那么查看这些基金持仓的股票所属上市公司的财报还是相当有必要的。为什么？

原因很简单，股票基金的基金经理在选择投资的股票组合时，相当看重相关上市公司的基本面和业绩表现——要么是过去和现在的业绩都很棒，要么是未来的成长性很好，公募基金的基金经理很少会追逐短期热点或炒作题材股。不过，如果一家上市公司的基本面优秀、业绩很棒，刚好其股票又有利好题材的提振，那就另说了。

简单来说，股票基金的基金经理在选股的时候，会更注重股票所属上市公司的基本面、业绩表现或未来的成长性。对于交易股票基金的投资者来说，虽然未必需要对这些情况进行过深度的调研，但是至少要大概知道基本面如何、业绩表现好不好，而不是查看基金持仓之后仍然一无所知。

其实，相当一部分的基金投资者亏损的原因之一就是对所买入的基金知之甚少，甚至连一知半解都做不到，就是完全不懂。既不懂买入的基金属于什么类型，也不知道基金持仓的股票究竟牛不牛，更看不懂股票所属上市公司的财报。投资者要么是因

第 4 章
基金宝库：资产多样化配置的利器

为亲朋好友推荐买就买，要么是看到基金频道的热情推荐而买，真正对要买入的基金有必要的了解的投资者并不多。正因为如此，我才在书中分享了很多与基金相关的必备知识和技巧，真心希望读者朋友们能掌握一些有用的知识和技巧，都能实现基金理财预期。

既然投资股票基金需要阅读上市公司的财报，那么，究竟该如何入手呢？

第 3 章介绍了快速看懂财报的技巧，并且我分享了自己总结的财报顺口溜："一商二利，三每四率"。这里我们回顾一下，"一商"是商誉；"二利"是归母净利润和扣非净利润；"三每"是每股收益、每股净资产和每股未分配利润；"四率"则是市盈率、市净率、毛利率及净资产收益率。

对部分新手来说，要看懂十个财务指标可能有点儿难，那么，至少应该能看懂一个核心财务指标，即"二利"中的扣非净利润。

查看意向的或已持有的基金信息，看看它们持仓哪些股票，然后对比分析这些股票所属上市公司的最新财报和近 3 年财报中的扣非净利润和相应的增长率情况。如果扣非净利润及其增长率情况一直都很好，说明基金经理选的股票确实不错，这样的基金就值得长期定投。就算短期内遭遇下跌和回撤，通过持续定投也能在较短的时间内实现"U 形微笑曲线"而扭亏为盈。

对于那些有一定投资经验又已掌握一些财报基础知识的投资者，建议还是要多研究基金持仓股票所属上市公司财报中的十大核心财务指标。

总之，要实现基金理财目标，仍然需要花时间学习和掌握相关的知识和技巧，而不是什么也不看，什么也不学，靠运气赚钱。但是，靠运气赚的钱，最终可能会因实力不济而亏回去，所以不能指望靠瞎蒙或运气在基金市场赚到钱。拥有一技之长，才有可能实现理财目标。

4.7 投资这类基金既可能赚几十倍，也可能"颗粒无收"，究竟是啥情况

前几节主要讲的是广大基金投资者更熟悉的"公开募集证券投资基金"即公募基金。不过，基金的种类并非仅限于公募基金，还有一种主要的基金类型——与公募基金相对的私募基金。

私募基金，全称为"私募投资基金"。根据中国证监会发布的《私募投资基金监督管理暂行办法》第二条，私募基金是指"在中华人民共和国境内，以非公开方式向投资者募集资金设立的投资基金"。

需要注意的是，上述定义中的"投资者"特指"合格投资者"。根据《私募投资基金监督管理条例》第十八条，合格投资者是指"达到规定的资产规模或者收入水平，并且具备相应的风险识别能力和风险承担能力，其认购金额不低于规定限额的单位和个人"。

在实践中，上述"其认购金额不低于规定限额的单位和个人"遵循《私募投资基金监督管理暂行办法》第十二条的规定，即"投资于单只私募基金的金额不低于100万元且符合下列相关标准的单位和个人：（一）净资产不低于1000万元的单位；（二）金融资产不低于300万元或者最近三年个人年均收入不低于50万元的个人"。

从上述条件可以看出，相对于低至1元就能起投的公募基金来说，私募基金100万元的投资门槛真的是高出了许多，并且对个人的金融资产或近三年的个人年均收入也有较高的要求。这也是私募基金的投资者被称为"高净值客户"的主要原因之一。

那么，具有如此高投资门槛的私募基金，其募集的资金究竟用来做什么呢？

根据《私募投资基金监督管理暂行办法》第二条，私募基金财产的投资"包括买

第 4 章
基金宝库：资产多样化配置的利器

卖股票、股权、债券、期货、期权、基金份额及投资合同约定的其他投资标的"。

所募集的资金用于买卖股票的私募基金称为"私募证券投资基金"，简称"私募证券基金"；所募集的资金用于买卖股权的私募基金则称为"私募股权投资基金"，简称"私募股权基金"。这两类私募基金是最常见且最主要的私募基金类型。

本节主要介绍私募股权基金。之所以特别讲解私募股权基金，是因为与私募证券基金相比，前者具有更高的收益预期，同时也潜藏更高的不确定风险。

从投资标的来看，私募证券基金的投资标的主要是已上市的公司的股票，而私募股权基金则主要投资于初创企业、成长期企业、成熟期企业等未上市企业的股权。通常，对于私募股权基金的发行公司、基金经理或投资者来说，最期待的退出方式是在所投企业上市之后"功成身退"，因为一旦所投的企业成功上市，便能实现十几倍、几十倍，甚至几百倍的高额收益。

话说回来，无论是初创企业、成长期企业，还是成熟期企业，并不是都能上市的，尤其是初创企业，可能经营一年半载就"关张大吉"了。在这种情况下，私募股权基金不仅"颗粒无收"，还可能把投资资金都搭进去。就算是成熟期企业，也可能在折腾很久之后还是没能敲响"上市之锣"。换言之，私募股权基金所投资的股权是否成功，具有较大的不确定性。有经商或有创业经验的投资者会更容易理解这一点。不过，就算没有相关经验，只要多琢磨一下，道理其实也没那么复杂。

打个比方，假设阿贵是 A 私募股权基金公司的基金经理，他负责管理的私募股权基金 B，斥资 1 亿元投资了半导体领域的创业公司 C，持有的股权比例是 20%。C 公司经过 3 年的奋斗，终于实现了上市的目标。上市第一天，C 公司的流通市值达到 100 亿元，这就意味着，持股 20% 的 B 基金拥有的市值是 100×20%=20 亿元，对比原先投资的 1 亿元，增长倍数是（20 亿—1 亿）÷1 亿=19 倍。

显然，上述示例对私募股权基金的发行公司、基金经理、投资者与被投企业来说，是皆大欢喜的结果。在实践中，获得更高倍数回报的股权投资案例也并非少见。

133

不过，凡事都有两面性，投资有成功的就有失败的。

继续以阿贵为例。阿贵负责管理的私募股权基金B，除了投资半导体领域的创业公司C，还投资了一家医疗领域的成长期企业D，投资金额为1亿元，持有的股权比例也是20%。不同的是，D公司在奋发图强3年之后，由于行业竞争激烈，非但没能实现上市，反而由于大客户取消订单而陷入困境，最终倒闭。B基金投资的1亿元资金可能全部"打水漂"了。

其实，如果同一只私募股权基金的不同投资标的有的成功、有的失败，还算是可以接受的，至少还有一部分投资是赚钱的。但在全球经济不景气的时候，股权投资可能普遍失败。对于这种惨状，不仅发行私募股权基金的公司和负责管理的基金经理难受，投资者会更痛苦，因为坦白讲，真正出资的既不是私募股权公司，也不是基金经理，而是投资者。

总的来说，基于私募股权基金的投资具有较大的不确定性，投资者应三思而后行，特别是在全球经济不景气的时候。此外，不要投过多的资金，最好用闲钱投资，不能把大部分资金投进去，更不能把全部身家都投进去。

反之，在全球经济景气度高的时候，私募股权基金投资成功的概率就相对高一些，这时适当增加投资的比例和额度也未尝不可。需要注意的是，无论经济景气度如何，都应该对意向的投资方式有足够的了解和认知。始终谨记"投资有风险，入市需谨慎"。

第 5 章

其他宝库：以小博大的挑战

5.1 能以小博大的商品期货投资，到底难不难

在了解商品期货之前，先来看看什么是期货。期货的英文名称为 Futures，它是 Future（意为"未来"）的复数形式。简单来说，期货是"未来之货"，与之相对的是"现货"。

根据《中华人民共和国期货和衍生品法》第三条，期货交易是指"以期货合约或者标准化期权合约为交易标的的交易活动"，期货合约是指"期货交易场所统一制定的、约定在将来某一特定的时间和地点交割一定数量标的物的标准化合约"。

举一个生活化的例子。假设阿强是"强记水果店"的老板，爱吃苹果的阿珍 2023 年 11 月 1 日在"强记水果店"花了 100 元买了一箱山东红富士苹果，这箱苹果就是"现货"。阿明听阿珍说"强记水果店"的苹果很好吃，也想买一箱。他在 11 月 3 日到"强记水果店"买苹果的时候，阿强说苹果在 11 月 2 日就卖完了，没有现货。不过，阿强说，要是在 11 月 5 日之前支付 20 元定金，就可以预定一箱苹果，并在 11 月 10 日提货；要是在 11 月 10 日没有提货则视为放弃。经过考虑，阿明在 11 月 3 日支付了 20 元定金，预定了一箱山东红富士苹果。

阿明预定的这箱苹果便是"期货"，因为要等到 11 月 10 日才能拿到货。阿强和阿明之间的交易行为就是"期货交易"，两人形成的合约即"期货合约"，而阿明支付的 20 元定金则可以理解为期货合约的"保证金"。

下面详细介绍期货交易的 7 个主要特点。

5.1.1 期货交易具有固定的合法场所

第 4 章介绍了场外交易的相关基金，而期货一般不允许在场外交易，而必须在

依法设立的、有组织的、规范的期货交易所内进行交易。换言之，期货交易所是期货交易的固定的合法场所。在实践中，我国境内的期货交易所必须经过国务院的同意或批准才能设立，同时要接受中国证监会的监管。

5.1.2 期货交易具有标准化合约

期货交易是指以期货合约或者标准化期权合约为交易标的的交易活动，而期货合约本身就是期货交易场所统一制定的，约定在将来某一特定的时间和地点交割一定数量标的物的标准化合约。换言之，期货交易涉及的农产品、金属、能源等期货标的物的品级、规格、质量、数量等标准都已预先规定好，在合约有效期内不会变动，会变动的是期货的价格。

5.1.3 期货交易采用保证金交易制度

古希腊哲学家、物理学家，被誉为"力学之父"的阿基米德有一句经典名言，"δος μοι που στω και κινω την γην"（古希腊语），意思是"给我一个支点，我能撬动整个地球"。这阐释了物理学中的杠杆原理。杠杆具有"以小博大"的作用。期货交易就具有以小博大的杠杆效应，因为其采用了保证金交易制度。

继续上文的例子。阿明在"强记水果店"支付了20元保证金，以确保他在11月10日完成100元一箱的山东红富士苹果的期货交易，但他并未支付100元，这相当于阿明只用20元保证金就"撬起"了100元的期货交易。

由于具有以小博大的杠杆效应，期货的保证金交易也被称为"杠杆交易"。值得一提的是，期货交易所为期货交易提供了履约担保，确保期货交易者履约。此外，商品期货的最低保证金比例并非一成不变，在特定情况下，监管层或交易所会调整这个比例。因此，具体的最低保证金比例需要以交易所最新公布的数据为准。

5.1.4 期货交易采用 T+0 双向交易机制

A 股市场的股票交易主要采用 T+1 单向交易机制，期货交易则采用 T+0 双向交易机制。T+0 意味着当日开仓的期货合约，当日就能平仓，而且平仓之后可以再开仓同一个期货合约，如此重复。除了 T+0，期货交易还是双向交易机制，投资者既可以做多，也可以做空。

5.1.5 期货交易采用统一结算模式与当日无负债结算制度

A 股市场的股票交易采用撮合交易模式，撮合交易的双方即股票的买方投资者与卖方投资者，买卖双方通过撮合确立交易关系。期货交易的买方和卖方之间并不会直接建立关系，他们都以期货结算所作为交易对手方。简单来说，期货结算所是期货交易的中介方，既是期货交易的履约保证方，也是期货交易的结算机构。

A 股市场主要采用全额交易制度。简单来说，就是在买入股票时必须支付与股票价值等额的资金。

假设"戈多股份"的股票现价是 13.00 元，阿强要买入 10,000 股"戈多股份"的股票，这 1 万股股票的价值是 13.00×10,000=130,000.00 元，即 13 万元。这就意味着在不计算其他交易费用的情况下，阿强必须全额支付 13 万元，才能实现这笔交易。

与此同时，只要持有的是 A 股的非"两融"股票，就算投资者持有的股票账户亏损了，证券交易所或证券公司都不会要求投资者追加资金，并且投资者买入的股票在卖出之前，账面的浮盈或浮亏都不进行结算，只有在卖出时，才结算实际盈亏。

在期货交易中，根据《中华人民共和国期货和衍生品法》第三十九条，"期货交易实行当日无负债结算制度"。期货交易所会对当日的交易保证金进行结算，如果投资者期货账户的保证金余额不足，则必须在规定的时间内补足，不然持仓的期货合约就会被强行平仓。

5.1.6 期货交易具有到期日

A 股市场的股票在买入后，除非出现股票退市等极端情况，在正常情况下，投资者可以无限期持有；而期货交易的期货合约有明确的到期日，投资者只能在到期日之前持有期货合约，不能无限期持有。

需要注意的是，期货合约的到期日包括"最后交易日"与"最后交割日"。最后交易日是指在期货合约规定的交易期限之内的最后一个交易日，即期货合约到期前的最后一个交易日；而最后交割日则是指期货合约到期后进行实物交割的最后一个交割日。

对于前面阿明在"强记水果店"预定一箱苹果的例子，阿明需要在 11 月 5 日之前支付 20 元定金，这里的 11 月 5 日就是"最后交易日"；11 月 10 日可以提货，当天没来提货则视为放弃提货，这里的 11 月 10 日就是期货进行实物交割的"最后交割日"。

5.1.7 期货交易的交割定点化

在期货交易中，尤其是以实物商品为标的物的期货交易，往往会涉及实物交割，上文阿明买苹果的例子便是实物交割。需要注意的是，期货交易的实物交割必须在期货交易所指定的交割仓库进行。

话说回来，在现实中，对于普通投资者来说，由于存在运输、贮存等额外成本，真正进行实物交割的交易者占比很低。即便是套期保值者，大多数也是以对冲方式了结持仓的期货合约的，最终进行实物交割的比例同样很低。

5.1.8 揭开商品期货的"面纱"

接下来，我们再来揭开商品期货的"面纱"。商品期货是最主要的期货品种之一，指的是期货合约以实物商品为标的物。这些实物商品主要包括三大类型：第一类是小麦、玉米、大豆等农产品；第二类是铜、锡、铅、锌、铝、镍、黄金、白银等金属；

第三类是原油、汽油、取暖油、天然气、丙烷等能源产品。与这三大类实物商品相对应的期货分别被称为农产品期货、金属期货和能源期货。

商品期货具有悠久的历史。农产品期货的标准化合约诞生于 1865 年，由芝加哥期货交易所（Chicago Board of Trade，CBOT）推出。1876 年成立的伦敦金属交易所（London Metal Exchange，LME）是第一家尝试金属期货交易的交易所。能源期货则于 1978 年在纽约商业交易所（New York Mercantile Exchange，NYMEX）首次上市。

在我国，1990 年 10 月 12 日郑州粮食批发市场正式开业，引入了期货交易机制。郑州粮食批发市场是郑州商品交易所（简称"郑商所"）的前身，是首家获批成立的期货市场试点单位。1993 年 5 月 28 日，郑州商品交易所正式推出期货交易。

除了郑州商品交易所，我国境内还有 4 家期货交易所，分别是上海期货交易所（简称"上期所"）、大连商品交易所（简称"大商所"）、中国金融期货交易所（简称"中金所"）、广州期货交易所（简称"广期所"）。

特别值得一提的是，2021 年 4 月 19 日挂牌成立的广州期货交易所，是由中国证监会批准设立的第 5 家期货交易所，由 4 家现有期货交易所与中国平安保险（集团）股份有限公司、广州金融控股集团有限公司、广东珠江投资控股集团有限公司以及香港交易及结算所有限公司共同发起设立，是国内首家混合所有制交易所。

郑州商品交易所上市交易的品种主要包括普通小麦、优质强筋小麦、早籼稻、晚籼稻、粳稻、棉花、棉纱、油菜籽、菜籽油、菜籽粕、白糖、苹果、红枣、花生、动力煤、甲醇、精对苯二甲酸（PTA）、玻璃、硅铁、锰硅、尿素、纯碱、短纤、烧碱、对二甲苯等。

上海期货交易所上市交易的品种主要包括铜、铝、锌、铅、锡、镍、国际铜、氧化铝、黄金、白银、螺纹钢、线材、热轧卷板、不锈钢、原油、燃料油、低硫燃料油、石油沥青、天然橡胶、20 号胶、丁二烯橡胶、纸浆等。

大连商品交易所上市交易的品种主要包括玉米、玉米淀粉、黄大豆、豆粕、豆油、棕榈油、纤维板、胶合板、鸡蛋、粳米、生猪、聚乙烯、聚氯乙烯、聚丙烯、焦炭、焦煤、铁矿石、乙二醇、苯乙烯、液化石油气等。

广州期货交易所上市交易的主要品种包括碳酸锂和工业硅。根据广州期货交易所官方网站的信息,未来将研发上市更多期货品种,具体以官方公布为准。

中国金融期货交易所交易的品种并非商品期货,而是金融期货。其中,最为典型的是股指期货,本章后面将展开讲解。

那么,商品期货究竟是怎样交易的呢?

下面以郑州商品交易所的棉花期货合约为例进行说明。由于棉花期货的英文是Cotton Futures,因此棉花期货合约的交易代码为CF,交易单位是5吨/手,最少要交易1手,也就是交易5吨棉花。此外,最低交易保证金是合约价值的5%,这意味着杠杆倍数就是100%÷5%=20倍。

棉花期货合约的主要参数如表5-1所示。

表5-1 棉花期货合约的主要参数

交易品种	棉花
交易单位	5吨/手(公定重量)
报价单位	元(人民币)/吨
最小变动价位	5元/吨
每日价格波动限制	上一交易日结算价的±4%及《郑州商品交易所期货交易风险控制管理办法》相关规定
最低交易保证金	合约价值的5%
合约交割月份	1月、3月、5月、7月、9月、11月
交易时间	每周一至周五(北京时间,法定节假日除外) 上午9:00—11:30,下午1:30—3:00,以及交易所规定的其他交易时间
最后交易日	合约交割月份的第10个交易日
最后交割日	合约交割月份的第13个交易日
交割品级	基准交割品:符合GB1103.1-2012《棉花 第1部分:锯齿加工细绒棉》规定的3128B级,且长度整齐度为U3档,断裂比强度为S3档,轧工质量为P2档的国产棉花。替代品详见交易所棉花期货业务细则。替代品升贴水由交易所另行制定并公告
交割地点	交易所指定棉花交割仓库
交割方式	实物交割

再以棉花期货CF401合约为例，该合约在2023年11月20日的结算价是15,695.00元，以此价格作为开仓价，则开仓1手CF401合约的价值就是15,695.00×5×1=78,475.00元，最低交易保证金为78,475.00×5%=3923.75元。

显然，与A股的股票交易相比，要买价值78,475.00元的股票，就必须全额支付78,475.00元才能交易，而商品期货则通过支付最低交易保证金即可实现交易，这也是商品期货"以小博大"的杠杆效应的优势。

话说回来，虽然商品期货具有"以小博大"的优势，但是一旦投资者未能准确把握行情趋势，即交易做错了或做反了方向，就可能面临被强制平仓的风险，俗称"爆仓"。

继续以上述的棉花期货为例，最低保证金比例是5%。阿强在2023年11月20日以结算价15,695.00元开仓1手CF401合约，支付了最低交易保证金3923.75元。在持仓合约的亏损幅度即将超过5%时，假设此时阿强没有进一步追加保证金，一旦亏损幅度触达5%，则阿强开仓时支付的3923.75元保证金就会被期货交易系统强制平仓，相当于这3923.75元"归零"。对阿强来说，就是遭遇了"爆仓"。

那么，要怎样判断商品期货的行情趋势呢？这是否很难掌握？

商品期货的核心在于"商品"二字。从经济学角度来说，商品具有基本属性，其价格的高低与涨跌会受到商品相关因素的影响。其中，决定商品价格高低与涨跌的关键因素之一就是市场供需关系。

通常，宏观经济景气度高，市场供需关系正向发展的概率就大，容易出现"供需两旺"的良性发展情形；反之，宏观经济景气度低，供需往往容易出现"剪刀差"的失衡情形，也就是"此消彼长"或者"此起彼伏"的情形。

市场供需关系是影响商品期货行情趋势最为关键的因素，因为它不仅反映了供需情况，也反映了宏观经济的状况。换句话说，分析市场供需关系是判断商品期货行情趋势最为核心的基本面分析方式之一。

第 5 章
其他宝库：以小博大的挑战

进一步讲，如果宏观经济的发展趋势向好，各行各业则普遍向好，相应地，对实物商品的需求就会增加。这对相应的商品期货来说就是利好，具有提振效应。反之，宏观经济的增长放缓，大部分行业的发展动能都会减弱，对相应行业的商品期货来说就是利空。

以实物商品中常见的棉花为例，其产业链主要涉及农业与纺织业。棉花产业链的上游主要是农业中的棉花种植业，中游主要包括纺织业中的纺织企业、服装制造加工企业等棉花制造业的企业，下游则包括 B 端（B 代表 Business，即企业和商家）的服装商、家纺商与 C 端（C 代表 Customer，即消费者）的客户。

当经济向好的时候，C 端消费者购买力强，消费意愿强烈，服装作为"衣食住行"中的重要一环，消费需求就会相应增加。显而易见，C 端消费需求高，对棉花产业链的中上游来说都是利好消息。进一步讲，棉花产业链整体呈现向好趋势之时，棉花期货便能保持向好的行情。在这种情形下，就棉花期货的中长线布局策略而言，更适宜做多而非做空。

此外，在股市中有顺周期行业和逆周期行业，这些行业也有相应的商品期货。比如煤炭、钢铁、有色金属等顺周期行业，就有相应的煤炭、钢铁、有色金属等具有顺周期行业属性的商品期货。

当宏观经济处于触底反弹、复苏或景气度高企等积极的状态时，顺周期行业的商品期货行情趋势大概率向好，反之亦然。

然而，市场供需关系不仅受宏观经济的影响，还受政策调控、国际经贸、季节性因素、气候、地缘政治等因素的影响。

在政策调控方面，货币政策、财政政策、产业政策等对商品期货的供需有一定影响，比如"小麦最低收购价"政策对与小麦相关的期货具有提振作用；在国际经贸方面，比如铁矿石进口量减少，会推动铁矿石期货的价格上涨；在季节性因素方面，比如我国北方地区在冬季的供暖需求高企，就会推动与煤炭、天然气相关的期货价格上涨；在气候方面，比如干旱会影响农产品的产量，进而导致农产品期货的价格有所上涨；在地缘政治方面，比如地区局势动荡、出现军事争端等情况可能导致相关地区出产的有色金属或能源的供应减少甚至中断，进而可能推动相关的金属期货与能源期货价格上涨。

上述分析方式属于基本面分析。除了基本面分析，其实还有技术面分析和资金面分析。在技术面分析方面，第 3 章介绍的 K 线、均线、MACD、KDJ、黄金分割线、成交量等技术指标同样可以应用于商品期货市场分析，判断商品期货所处的行情状态与未来的行情趋势。

对于专注于日内短线博弈的商品期货投资者来说，则可以关注 60 分钟、30 分钟、15 分钟、5 分钟和 1 分钟等短周期的情况，结合上面提到的技术指标来综合判断日内的开仓与平仓时机。

资金面分析主要关注期货合约的持仓情况，相关的数据可以在期货交易所的官方网站查询。

首先，可以分析期货合约的"持仓量"与持仓"增减量"的变化情况。如果期货合约的持仓量高，并且呈现持续增加的态势，说明市场活跃，投资者对该期货合约的交投意愿强劲；反之，持仓量低，并且呈现持续缩减的态势，则说明市场低迷，投资者对该期货合约的交投意愿冷淡。

其次，分析商品期货的成交量与持仓量的变化情况。如果成交量与持仓量呈现"双量齐升"的态势，表明市场活跃度增加，投资者的交投意愿强，此时适宜顺势逢低做多；反之，成交量与持仓量呈现"双量齐降"的态势，则表明市场活跃度减弱，投资者交投意愿弱，在这种情况之下，逢高做空更为合适。

值得一提的是，虽然分析期货合约的持仓量能够看出市场对相应期货合约的认可度，但是只看持仓量却无法判断出市场的多空态度，所以仍然需要进一步分析期货合约的多空持仓情况，即进一步观察和分析持仓的持买量与持卖量情况。

一般来说，持买单量远大于持仓的持卖量，表明在多空对决之中多头力量占优，市场看涨做多的氛围较浓，更适宜采用逢低做多的策略；反之，持卖单量远大于持仓

第 5 章
其他宝库：以小博大的挑战

的持买量，则表明空头力量占据上风，市场看跌做空的氛围较浓，更适宜采用逢高做空的策略。如果持买量与持卖量旗鼓相当，则说明市场处于多空分歧的对峙状态，在这种情况下，行情走势通常较不明朗，有点儿"雾里看花"之感，因此谨慎观望，空仓静待行情明朗后再做进一步的打算更为适宜。

此外，在分析商品期货的持仓量时，不可忽视大额持仓情况。所谓大额持仓情况，通常指的是具有资金优势的机构投资者的持仓情况。尤其对于持仓量长期位居前列的大机构投资者的持仓情况，应当重点关注和分析。这是为什么呢？

因为大机构投资者是"机构之中的机构"，它们的态度和举动往往对相应的商品期货具有举足轻重的影响。物理学家牛顿有一句名言："If I have seen further than others, it is by standing upon the shoulders of giants."（如果说我比别人看得更远的话，那是因为我站在巨人的肩膀上。）大机构投资者就是商品期货市场的"巨人"，如果希望对商品期货的行情趋势有更长远的判断，就可以借助这些"巨人"的肩膀。

简单来说，如果大机构投资者持仓的持买量持续增加，表明机构投资者普遍看多的氛围浓烈，做多的动能较强，普通投资者则适宜逢低做多；反之，如果大机构投资者持仓的持卖量持续增加，则表明机构投资者普遍看空的氛围浓烈，做空的动能较强，普通投资者则适宜逢高做空。

在实践中，除了掌握商品期货的行情趋势判断技巧，还要充分利用商品期货的T+0双向交易机制。无论是开多仓还是开空仓，都不是一成不变或"一持到底"的，而要审时度势，与时俱进。如果所开的仓符合行情趋势，则可以顺势而为，继续持仓；反之，如果所开的仓不符合行情趋势，则需要悬崖勒马，及时调整仓位，而不能负气地继续持仓，以免遭遇更多不必要的资金亏损。

最后，需要特别提醒的是，由于商品期货的投资风险远大于股票和基金，因此更应当把风控放在第一位，确保每一笔投资都是在自身的风险承受范围之内，而不是冒着极大风险去博弈。

5.2 用好股市风险对冲利器，股市下跌不用愁

当金融市场遭遇下跌行情的时候，很多投资者会讨论如何对冲由此产生的亏损风险。那么，究竟什么是对冲呢？

对冲是常见的金融专业术语之一，其英文名称是 Hedge，具有"树篱"的含义。树篱通常由矮树丛构成，用作公路、绿地、公园的隔断，乃至住宅庭院的隔断或围墙。除了美观，树篱还能起到防护的作用。

在英文中，用"Hedge"来表示"对冲"这个意思，是对"树篱"一词具有的"防护"含义的引申。只不过在金融领域，对冲所要防护的对象是投资者的资金。简单而言，对冲是为了降低投资亏损风险而采取的一种防护措施，即通过同时进行另一项投资来规避潜在的亏损风险。

对冲可以应用于不同的金融投资场景。常见的对冲主要分为两大类型：一类是同一个金融市场之内的对冲，即同金融市场对冲；另一类是不同金融市场之间的对冲，即跨金融市场对冲。

5.2.1 同金融市场对冲

同金融市场对冲是最常见的对冲方式之一。例如，在外汇市场中，对冲可能表现为做多一种货币的同时做空另一种货币。在股市中，对冲就是在买入一种类型股票的同时，买入另一种具有相反行情属性的股票。

需要注意的是，通常情况下，对冲操作需要以相同或相近的金额进行，即等额对冲，也就是"旗鼓相当"才能形成有效的对冲盘；否则，若两边金额相差太多，就有点儿类似"螳臂当车"，甚至"以卵击石"，起不到对冲的作用。

打个比方，假设阿强用 100 万元买入一只与大盘上涨走势较为一致的指标股，同时再用 100 万元买入另一只具有避险属性的防御型股票。这种在股市之内的对冲，就是同金融市场对冲。此外，在 A 股市场中，也可以选用同一种类型的股票进行对冲。

继续以阿强为例。阿强用 100 万元买入一只与大盘上涨走势较为一致的指标股，同时，再选择另一只同类型的指标股，用 100 万元融券做空。这样的操作同样构成了同金融市场对冲。

5.2.2 跨金融市场对冲

跨金融市场对冲是在两个或多个不同的金融市场之间进行的。需要注意的是，在实施跨金融市场对冲时，所选择的金融市场要对同一项经济数据、同一种行情运行状态、同一个突发事件等具有相反的反应。换句话说，就是只有某种情况对一个金融市场是利好，对另一个却是利空时，同时在这两个市场投资才能实现对冲。例如经济数据向好时，会利好股市和货币市场，却会利空具有资金避险属性的黄金等贵金属市场。

以美国非农数据（Nonfarm Payrolls，NFP）为例，当该数据向好时，利好美股与美元，对黄金、原油等以美元为计价单位的贵金属或大宗商品交易来说，则是利空。在这种情况下，投资者在美股或美元市场与黄金或原油市场之间就能执行跨金融市场对冲。

当 A 股市场处于下跌行情时，只有小部分股票能逆势上涨，大部分股票都会随大市下跌。在这种情况下，持有这些股票的投资者就可以通过同金融市场对冲的方式降低或避免损失。

那么，在 A 股市场除了采用同金融市场对冲之外，还能采用跨金融市场对冲吗？答案是肯定的，这就要用到股市风险对冲利器——股指期货。

与商品期货一样，股指期货也是常见的期货类型之一，它还是主要的金融期货种类之一。不过，股指期货的交易标的并非实物商品，而是"股指"，即股票指数。股指期货的全称是"股票价格指数期货",指的是以股价指数为标的资产的标准化的期货合约,一般简称为"股指期货",或者更简短地称为"期指"。

在我国境内,中国金融期货交易所(简称"中金所")是唯一推出股指期货的期货交易所。这家交易所是经中国证监会批准设立的公司制交易所,专门从事金融期货、期权等金融衍生品的交易与结算,它由上海期货交易所、郑州商品交易所、大连商品交易所、上海证券交易所、深圳证券交易所共同发起,于2006年9月8日在上海正式挂牌成立。

值得注意的是,虽然股指期货以股价指数为交易标的,但是它同样具备期货的特点。也就是说,股指期货同样采用保证金交易、T+0双向交易机制、当日无负债结算制度等。

2010年4月16日,沪深300股指期货在中国金融期货交易所上市交易,这是内地资本市场的第一个金融期货品种。随后,中国金融期货交易所陆续推出了其他股指期货。

中国金融期货交易所推出的股指期货主要有4大类型,分别是沪深300股指期货、中证500股指期货、中证1000股指期货、上证50股指期货,对应的合约标的股价指数分别是沪深300指数、中证500指数、中证1000指数、上证50指数,对应的交易代码分别是IF、IC、IM、IH。

以沪深300股指期货合约为例,最低交易保证金比例是合约价值的8%,即沪深300股指期货的杠杆倍数是100%÷8%=12.5,每日价格最大波动限制是上一个交易日结算价的±10%,其他参数如表5-2所示。

表5-2 沪深300股指期货合约主要参数

参　　数	标　　准
合约标的	沪深300指数
合约乘数	每点300元
报价单位	指数点
交易时间	上午:9:30—11:30,下午:13:00—15:00

第 5 章
其他宝库：以小博大的挑战

续表

类　　型	标　　准
最小变动价位	0.2 点
最低交易保证金	合约价值的 8%
每日价格最大波动限制	上一个交易日结算价的±10%
合约月份	当月、下月及随后两个季月
最后交易日	合约到期月份的第 3 个周五，如遇国家法定假日则顺延
交割方式	现金交割

温馨提示，在特定情况下，股指期货的最低交易保证金比例、每日价格最大波动限制会有所调整，因此仍需以中国金融期货交易所公布的最新数据为准。

那么，交易沪深 300 股指期货合约，究竟需要多少资金呢？

以 2023 年 9 月 18 日上市的沪深 300 股指期货 IF2311 合约为例，阿珍要开仓 1 张 IF2311 合约，假设开仓的点位是 3622.60 点，合约乘数是每点 300 元。那么，3622.60 点的合约价值就是 3622.60×300×1=1086,780 元。最低交易保证金比例为合约价值的 8%，即 3622.60 点的开仓保证金是 1086,780×8%=86942.4 元。换言之，阿珍开仓 1 张 IF2311 合约需要支付的保证金是 86942.4 元。假设阿珍要开仓 10 张合约，那么 3622.60 点的开仓保证金就是 3622.60×300×10×8%=869424 元。

要特别注意的是，IF2311 合约的上市日是 2023 年 9 月 18 日，最后交易日是 2023 年 11 月 17 日。换句话说，在最后交易日 2023 年 11 月 17 日到来之前，阿珍持仓的 IF2311 合约必须平仓，或者在 2023 年 11 月 17 日当日进行现金交割。

可见，与商品期货不同，股指期货的最后交易日与最后交割日是同一天，因此只需关注最后交易日。此外，不同的股指期货合约具有不同的上市日和最后交易日，因此在开仓前需要查看并记住相应的日期，尤其是要牢记最后交易日。

在简要解释股指期货的相关交易规则之后，我们来讨论如何实现 A 股与股指期货的对冲。由于 A 股与股指期货属于两个不同的金融市场，二者的对冲是跨金融市场对冲，我们该如何实现呢？

前文提到，中国金融期货交易所股指期货的 4 个主要类型分别为沪深 300 股指期货、中证 500 股指期货、中证 1000 股指期货和上证 50 股指期货。换句话说，能与 A 股实现跨金融市场对冲的标的主要是这 4 个股指期货类型。采用"对标"对冲的方式，如果在 A 股市场买入的是沪深 300 指数的成份股，就可以开仓沪深 300 股指期货合约进行对冲；买入的是上证 50 指数的成份股，就可以开仓上证 50 股指期货合约进行对冲，以此类推。

假设阿珍在 A 股买入了沪深 300 指数的成份股 B，买入的金额是 200,000 元，那么阿珍就可以选择沪深 300 股指期货合约来进行对冲，即开仓与 200,000 元相当的合约。假设阿珍买入的是上证 50 指数的成份股，则可以选择上证 50 股指期货的合约来进行对冲。对于其他类型的股票，同样执行这种策略即可。

话说回来，如果你掌握了股指期货的交易技巧，也形成了适合自己且行之有效的交易方法论，那么直接进行股指期货交易就可以了，没有必要与股票进行对冲。

5.3 期权和期货，名字都带"期"，二者有什么不同

期权与期货，二者看上去很相似，第一个字都是"期"。从历史来看，期权与期货确实有很深的渊源，因为期权是在期货的基础上产生的，起源于 18 世纪后期的欧洲，是一种历史悠久的金融投资工具。换言之，期权并不是新鲜事物。然而，对于大多数只炒股或买基金的投资者来说，期权仍然是一个比较陌生的领域。

尽管期权是在期货的基础上产生的，但两者却有根本性的区别。通常，期货的交易标的是实物，而期权的交易标的则是"权利"，并非实物。进一步讲，期货的英文名称是 Futures，意为"未来之货"；而期权的英文名称是 Option，在英文中有"选择

第 5 章

其他宝库：以小博大的挑战

权"的意思。所以，期权的"权"字指的是选择权。期权中的"期"字含义与期货的一样，都关乎未来。从这个角度来理解，期权的"选择权"可以理解为"对未来的选择权"。

从理论上讲，期权是指在未来的某一特定日期或特定日期之前的任何时间，持有人拥有以约定价格买入或卖出某种约定资产的选择权。期权的持有人行使选择权的交易行为被称为"行权"。因此，期权的持有人也被称为"权利方"，期权的特定日期被称为"行权日"。

举个例子，假设阿珍的"珍珍汗蒸馆"将在 11 月 30 日开业，11 月 11 日至 11 月 15 日推出了售价仅 9 元的优惠卡，顾客在 11 月 30 日至 12 月 31 日期间，使用优惠卡再加 50 元即可体验 1 次汗蒸。于是，阿强花 9 元买了一张优惠卡。顾客在 11 月 30 日至 12 月 31 日期间，使用优惠卡加 50 元体验 1 次汗蒸的权利便是"期权"，顾客在 11 月 30 日至 12 月 31 日期间去"珍珍汗蒸馆"体验汗蒸就是"行权"，12 月 31 日则是"行权日"，而阿强支付的 9 元则是期权的"权利金"。

虽然期权在 18 世纪后期的欧洲诞生，但是标准、规范的期权合约却在 1973 年才出现，而且并非在欧洲，而是在北美洲。首次推出期权合约的是成立于 1973 年 4 月 26 日的美国芝加哥期权交易所（Chicago Board Options Exchange，CBOE）。此后，在 1983 年 1 月，芝加哥商业交易所（Chicago Mercantile Exchange，CME）推出了 S&P500 股票指数期权，也就是标普 500 指数期权；同月，纽约贸易局（New York Board of Trade，NYBOT）推出了股票指数期货期权，进一步丰富了期权市场。

根据行权时间的不同，期权主要分为 3 类，分别是美式期权（American Option）、欧式期权（European Option）、百慕大期权（Bermudan Option）。其中，美式期权的买方可在成交后至到期日之前的任何交易时段行权，而欧式期权的买方只能在期权的到期日行权。

百慕大期权综合了美式期权与欧式期权的特点，增加了"百慕大特色"，即买方可以在到期日之前的规定时间内行权。比如百慕大期权的有效期是 3 个月，其间的每月最后 1 周是规定的行权时间。换言之，只要在 3 个月的有效期内，每月的最后 1 周都可以行权。

在我国境内，期权交易的历史开启于 2015 年。2015 年 1 月 9 日，中国证监会公布《股票期权交易试点管理办法》，自公布之日起施行。同年，经中国证监会批准，上海证券交易所在 2 月 9 日正式推出"上证 50ETF 期权"，拉开了我国境内期权交易的序幕。其后，上海证券交易所陆续在 2019 年 12 月 23 日推出"沪深 300ETF 期权"，在 2022 年 9 月 19 日推出"中证 500ETF 期权"，在 2023 年 6 月 5 日推出"科创 50ETF 期权"。

此外，经中国证监会同意，中国金融期货交易所的"上证 50 股指期权"在 2022 年 12 月 19 日正式挂牌交易，后来又推出"中证 1000 股指期权"。

除了上海证券交易所、中国金融期货交易所推出与股市相关的期权产品，上海期货交易所、大连商品交易所、郑州商品交易所、广州期货交易所也陆续推出了期权交易品种。

例如，上海期货交易所推出了黄金期权、沪银期权、沪铜期权、沪铝期权、沪锌期权、螺纹钢期权等期权合约，大连商品交易所推出了豆粕期权、玉米期权等期权合约，郑州商品交易所推出了棉花期权、白糖期权等期权合约，广州期货交易所推出了碳酸锂期权合约。

从交易机制上看，期权与期货都采用 T+0 双向交易机制。期权的做多方式是认购期权（Call Option），做空方式则是认沽期权（Put Option）。认沽期权的"沽"即成语"待价而沽"的"沽"，也就是"出售"的意思。简单来说，认购期权是看好后市行情的看涨期权，认沽期权则是看空后市行情的看跌期权。

我们再来了解一下期权的开仓与平仓规则。期权采用 T+0 双向交易机制，因此开仓和平仓都是双向的。其中，开仓包括"买入开仓"和"卖出开仓"两个方向，相当于期货的"开多仓"与"开空仓"；平仓也包括"买入平仓"和"卖出平仓"两个方

第 5 章
其他宝库：以小博大的挑战

向，"买入与卖出"及"卖出与买入"两种组合方式构成了完整的期权交易操作。

打个比方，阿强"买入开仓"了 1 手"300ETF 购 12 月 3700"期权合约，那么，平仓时对应的操作就是"卖出平仓"；反之，阿强"卖出开仓"了 1 手"300ETF 购 12 月 3700"期权合约，那么，平仓时对应的操作就是"买入平仓"。

以上海证券交易所的沪深 300ETF 期权合约品种为例，它采用的是欧式期权模式，合约标的为"华泰柏瑞沪深 300 交易型开放式指数证券投资基金"，即"华泰柏瑞沪深 300ETF"，其他参数如表 5-3 所示。

表 5-3　沪深 300ETF 期权合约品种参数

合约标的	华泰柏瑞沪深 300 交易型开放式指数证券投资基金（证券简称：沪深 300ETF，证券代码：510300）
合约类型	认购期权和认沽期权
合约单位	10,000 份
合约到期月份	当月、下月及随后两个季月
行权价格	9 个（1 个平值合约、4 个虚值合约、4 个实值合约）
行权价格间距	3 元或以下为 0.05 元，3 元至 5 元（含）为 0.1 元，5 元至 10 元（含）为 0.25 元，10 元至 20 元（含）为 0.5 元，20 元至 50 元（含）为 1 元，50 元至 100 元（含）为 2.5 元，100 元以上为 5 元
行权方式	到期日行权（欧式）
交割方式	实物交割（业务规则另有规定的除外）
到期日	到期月份的第 4 个星期三（遇法定节假日则顺延）

举一个具体的沪深 300 期权合约的例子。例如"300ETF 购 12 月 3700"，在这个期权合约的名称中，"300ETF"即沪深 300ETF（510300），也就是合约资料注明的合约标的"华泰柏瑞沪深 300 交易型开放式指数证券投资基金"；"购"表示该期权是认购期权；"12 月"表示到期月份是 12 月，具体的到期日是到期月份的第 4 个星期三，即 2023 年 12 月 27 日；"3700"则是指行权价为"3.700 元"。

假设2023年11月23日收盘价为0.0352元，阿珍要"买入开仓"1张"300ETF购12月3700"合约，1张合约是10,000份，那么阿珍"买入开仓"1张合约需要支付的权利金为：0.0352×10,000×1=352元。这样，阿珍就获得了在到期日2023年12月27日以3.700元交割10,000份沪深300ETF基金份额的权利。换言之，阿珍既可以选择行权，即在2023年12月27日以3.700元交割10,000份沪深300ETF基金份额，也可以选择在到期日之前"卖出平仓"而不行权。

那么，阿珍在什么情况下，应该选择行权，而在什么情况下，又不应该行权，应当提前卖出平仓呢？

先来看阿珍应该在到期日选择行权的情况。假设2023年12月26日（星期二）沪深300ETF的净值是4.700元，高于"300ETF购12月3700"期权合约的行权价3.700元。在这种情况下，阿珍就应该选择在到期日12月27日行权，因为只用3.700元的行权价就能购买1份价值为4.700元的沪深300ETF基金，相当于折价购买。

反之，假设2023年12月26日沪深300ETF的净值是2.700元，显然，在这种情况下，阿珍就不应该等到12月27日行权，因为在12月27日行权，仍需以每份3.700元的行权价购买沪深300ETF，用3.700元去买只值2.700元的东西就太不划算了。所以，在这种情况下，阿珍应该在12月27日之前就把持仓的期权合约卖出平仓，放弃行权的权利。

除了认购期权，期权还有认沽期权的行权模式。为了方便大家理解，我总结了认购期权与认沽期权是否应该行权的情形，如表5-4所示。

表5-4 期权行权与否的情形

序 号	期权类型	标 准	价值状态	行权与否
1	认购期权	标的价>行权价	实值	有盈利价差，更适宜在到期日行权
		标的价=行权价	平值	无价差，行权或不行权都一样
		标的价<行权价	虚值	有亏损价差，不行权

续表

序号	期权类型	标　　准	价值状态	行权与否
2	认沽期权	标的价<行权价	实值	有盈利价差，更适宜在到期日行权
		标的价=行权价	平值	无价差，行权或不行权都一样
		标的价>行权价	虚值	有亏损价差，不行权

话说回来，如果从开仓之时起，直至到期日之前，发现开仓方向与期权合约行情趋势相反，则应当及时平仓，以便让权利金的亏损程度更小一些。

比如买入开仓的是认购期权，然而期权的行情却一路震荡下跌，又比如买入开仓的是认跌期权，期权的行情反而持续震荡上涨，这两种情况都属于做反了方向，因此及时平仓止损更为适宜。

此外，如果期权合约的权利方在到期日之前没有平仓，也没有在到期日选择行权，或者行权失败，期权合约到期后即被摘牌。这样的话，权利方在开仓时交纳的权利金就不能退还了，也就是说会损失所有权利金。

在实际操作中，无论是期货还是期权，普通投资者真正选择在到期日交割或在到期日行权的比例并不高，大多数人都是在到期日之前进行交易。这表明投资者不仅要掌握期权行权的基本知识，还应掌握期权交易的技巧，也就是在期权到期之前运用基本面分析、技术面分析等方法捕捉交易机会。

由于期权合约有相应的合约标的，因此期权的基本面分析所分析的对象便是期权的合约标的。

打个比方，阿强准备开仓沪深300ETF期权，那么在开仓之前做基本面分析时，可以先看看沪深300ETF的情况。其实，分析沪深300ETF的基本面情况就是分析A股沪深300指数的情况，进而判断沪深300ETF期权的趋势。

在技术面分析中，无论是股票、期货，还是期权，乃至其他金融市场的投资工具，都可以运用均线、MACD、KDJ、黄金分割线、成交量等技术指标进行分析。

值得一提的是，由于期权采用 T+0 双向交易机制，因此不管认购期权，还是认沽期权，都可以选择做多或做空操作。并不是认购期权就只能单向做多，或者认沽期权就只能单向做空。换言之，在期权交易中，可以根据期权的交易机制与行情趋势灵活应对，采取符合行情趋势的操作策略。

5.4 "盛世古董，乱世黄金"，黄金究竟好在哪里

俗话说"盛世古董，乱世黄金"，意思是在太平盛世适合投资古董，而在战乱年代则更适合持有黄金。在当代社会，"盛世"与"乱世"的概念已经从"和平"与"战乱"对应转变为全球经济的"繁荣"与"衰退"。换言之，"盛世"表示全球经济景气度高，而"乱世"则表示全球经济景气度低。相应地，"盛世古董"就是指在全球经济景气度高的时候适合投资古董等艺术品，"乱世黄金"则是指在全球经济景气度低的时候适合投资黄金。

话说回来，尽管如今世界大体和平，但也不时发生由各种因素导致的局部军事冲突或战争。当这种情况发生时，通常人们对黄金的关注度会更高，黄金价格也相应地上涨。这是为什么呢？因为黄金具有 4 大核心优势，下文展开来讲。

5.4.1 黄金是全世界公认的最核心的避险资产与储备资产

自古以来，黄金就是主要的稀有贵金属，被誉为"金属之王"。它既是财富的象征，也是重要的储备资产，甚至曾充当过直接流通的货币。例如，中国古代的金元宝、古欧洲的金币等，均是当时的流通货币。

在当今社会，尽管还有钻石、翡翠、珍珠、玛瑙等其他贵重物品，但是唯独黄金经受住了时间和历史的检验，被全世界公认为最核心的避险资产。

无论是战乱年代，还是经济不景气时期，有购买力或投资实力的民众大多会基于

资金避险需求而将货币兑换成黄金或进行黄金投资。与此同时，在全球范围内，尽管黄金不再是直接流通的货币，但是其货币价值依然不减。因此，大部分国家或地区的中央银行仍然将黄金视为核心储备资产，在国际储备中占有重要地位。

简而言之，黄金不仅是全世界公认的最核心的避险资产，也是最核心的储备资产。

5.4.2　黄金是具有广泛流通性的"硬通货"

在全球金融领域，黄金是得到普遍认可的核心投资品种。民众有消费与投资黄金的需求，中央银行有储备黄金的需求，珠宝首饰行业有加工黄金的需求，电子、化工、航天等工业领域对黄金有应用的需求。毫不夸张地说，黄金是"硬通货"中的"硬通货"。

无论是在黄金交易所还是在银行、金铺等线上或线下渠道，投资者都能进行不同形式的黄金兑换或交易。简言之，只要黄金的来源合法，就不用担心没有变现渠道。

5.4.3　黄金是具有保值特性的稀有贵金属

黄金是主要的稀有贵金属之一。它的稀有并非因为储量低，而是因为开采难度大。大部分黄金蕴藏于地球深处，开采难度极大。因此，通过金矿石、金矿山开采的存量黄金就显得稀有了。

正所谓"物以稀为贵"，黄金呈现长期保值的状态。日常流通使用的货币会因为通胀而不断贬值，黄金却不会。因此，用黄金来对抗通胀就再合适不过了。

5.4.4　黄金是具有稳健增值潜力的优质投资品种

"物以稀为贵"的黄金不仅能长期保值，还具有稳健增值的潜力。尽管在现实中黄金价格会出现波动，但在经济不景气、金融危机、局部军事争端或战争、国际性突发事件等负面因素出现时，投资者的避险情绪通常会增强，黄金价格往往会有一定幅度的上涨。

2002年11月1日，上海金（Au99.99）基准价的最低价仅为84元/克。到了2023年11月1日，该最低价已经上涨至474.80元/克，增幅超过465%，即增长超过4.65倍。这充分展示了黄金价格总体呈现震荡上涨的趋势。

那么，黄金投资有哪些类型呢？在我国境内的黄金投资市场中，主要有4种黄金投资类型，分别是上海金、实物黄金、黄金期货和黄金ETF。

1. 上海金

"上海金"中的"上海"特指上海黄金交易所，它由中国人民银行组建，是专门从事黄金等贵金属交易的金融市场，于2002年10月正式运行，简称"上金所"。上海黄金交易所也是国内唯一一家名字中带"黄金"的交易所。投资者在上海黄金交易所的会员单位开立黄金账户后，便可以交易上海金。

上海金是以人民币计价的黄金现货实盘合约，上市时间是2002年10月30日，代码是"SHAU"。它采用现货实盘合约交易方式，交易机制是T+0双向交易，即在买入当日就可卖出，可以多次来回交易，既能做多也能做空。上海金的交易时间分为日盘和夜盘，日盘交易时间是交易日的9:00至15:30，夜盘交易时间是交易日的19:50至次日02:30。每日价格最大波动限制是上一交易日收盘价的±30%。

上海金的交割方式是实物交割，交割的黄金规格是标准重量1000克、成色不低于99.99%的金锭，即Au99.99金锭。在上海黄金交易所采用现货实盘合约交易方式的投资者如果想要交割黄金现货，则可以在指定仓库交割Au99.99金锭。

值得注意的是，上海金交割的金锭必须符合交易所金锭SGEB1-2002质量标准，由上海黄金交易所认定的可提供标准金锭的企业生产，或者由伦敦金银市场协会（LBMA）认定的合格供货商生产。根据上海黄金交易所发布的《上海黄金交易所竞价交易细则》的相关规定，实物交割在T+2日以T+0日的结算价进行。为了方便大家理解，我制作了一个示例表格，如表5-5所示。

表 5-5　上海黄金交易所实物交割时间示例

2023 年 12 月

星期日	星期一	星期二	星期三
24	25	26	27
	申请实物交割，以申请时结算价确认交割结算价		在上海黄金交易所指定的仓库完成实物交割

除了现货实盘合约交易，上海黄金交易所的合约交易还包括现货延期交收合约、现金交割延期合约。现货延期交收合约的黄金相关交易品种主要包括黄金 T+D、黄金 T+N1、黄金 T+N2、Mini 黄金 T+D，合约代码分别是 Au(T+D)、Au(T+N1)、Au(T+N2)、mAu(T+D)。现金交割延期合约的黄金相关交易品种主要包括纽约金 TN06（NYAuTN06）、纽约金 TN12（NYAuTN12）。

黄金 T+D 采用的是保证金交易模式，最低保证金比例是 6%，而上海金 Au99.99 的保证金是全额，也就是与买入金额等同的金额。

打个比方，假设阿珍要买入 100,000 元上海金 Au99.99，需要的保证金是 100,000 元。阿强买入 100,000 元黄金 T+D，需要的保证金是 100,000×6%=6000 元。同样是买入 100,000 元黄金，阿珍需要支付 100,000 元保证金，而阿强则只需要按照最低保证金比例 6%，支付 6000 元保证金就可以了。

从上述例子可以看出，黄金 T+D 的保证金交易方式与期货交易相似，具有以小博大的杠杆效应。那么，如何判断以小博大的杠杆交易究竟是几倍杠杆呢？

继续以上文的黄金 T+D 为例，最低保证金比例是 6%，那么杠杆倍数就是：100%÷6%≈16.67 倍。同理，假设最低保证金比例是 10%，那么杠杆倍数就是：100%÷10%=10 倍。

此外，上文所说的上海金的每日价格最大波动限制是上一交易日收盘价的 ±30%，而黄金 T+D 的每日价格最大波动限制则是上一交易日收盘价的 ±5%。黄金 T+D 是杠杆交易，风险比上海金要高不少。因此，设置相对小的每日价格最大波动限制可以在一定程度上降低投资者的投机风险。

在实物交割方面，黄金 T+D 的基准交割品种为标准重量 3000 克、成色不低于 99.95% 的金锭，即 Au99.95 金锭。此外，标准重量 1000 克、成色不低于 99.99% 的金锭可以作为替代的交割品种。

2. 实物黄金

对民众来说，最熟悉的黄金类型莫过于黄金首饰和配饰。这是最常见的实物黄金。除此之外，上文提及的上海黄金交易所的金锭与银行销售的金条也属于实物黄金。

从投资的角度来看，黄金首饰和配饰的投资属性要弱于金锭与金条，因为它们款式多样，缺乏统一的标准；而在上海黄金交易所交割的金锭和银行销售的金条都是标准化的，而且有相应的交割与回购流程。因此，标准化的金锭或金条更适合作为投资对象。前文已介绍了上海黄金交易所的金锭，接下来重点介绍银行销售的金条。

在我国，只有具备上海黄金交易所金融类会员资质的银行才能售卖或回购金条等黄金制品。具备这种资质的银行有中国工商银行、中国农业银行、中国银行、中国建设银行、交通银行、中国邮政储蓄银行、中信银行、中国光大银行、中国民生银行、上海浦东发展银行、广发银行、平安银行、招商银行、兴业银行、恒丰银行、上海银行、宁波银行、北京银行等。具体的会员名录可以通过上海黄金交易所的官方网站查询。

一般来说，银行的金条采用 Au999.9 黄金制成，Au 是金的化学元素符号，"999.9" 表示黄金的纯度达到 999.9‰，俗称"四个九万足金"。银行金条的常见规格包括 5 克、10 克、20 克、50 克、100 克、200 克、500 克等。

如果你在 A 银行购买金条，那么在 A 银行办理金条回购会更为便利。另外，银行在回购金条时，通常都会要求金条品相完好，无明显缺损，表面无修补痕迹且表面标识齐全（包括品牌标识、克重、成色等），重量与表面标识的克重一致等。因此，购买金条之后应妥善保管。不愿自己保管金条的投资者，可以在银行办理保管箱业务。

3. 黄金期货

黄金期货是常见的期货类型之一。简单来说，黄金期货是以黄金为交易对象的期货交易合约。上海黄金交易所推出了上海金、黄金 T+D 等黄金现货交易品种。那么，我国境内的黄金期货又是由哪家交易所推出的呢？

这家交易所便是成立于 1999 年的上海期货交易所，简称"上期所"。这是一家受中国证监会集中统一监管的期货交易所。2008 年 1 月 9 日，经中国证监会批准，黄金期货在上海期货交易所正式上市。

由于期货是自带杠杆交易属性的典型投资品种，因此黄金期货也具有以小博大的杠杆效应。上文提到，上海黄金交易所的黄金 T+D 的最低保证金比例是 6%，而上海期货交易所的黄金期货的最低保证金比例则视不同合约有所不同。以 2023 年 11 月 4 日更新的交易参数为例，交易保证金比例有 8%、10% 和 20% 等不同档次。

在每日价格最大波动限制方面，上海黄金交易所的上海金是上一交易日收盘价的 ±30%，黄金 T+D 是上一交易日收盘价的 ±5%，而上海期货交易所的黄金期货则是不超过上一交易日结算价的 ±6%。

为了进行更直观的对比，我总结了上海金、黄金 T+D 与黄金期货的 6 大主要区别，如表 5-6 所示。

表 5-6　上海金、黄金 T+D 与黄金期货的 6 大主要区别

序号	类　　型	上 海 金	黄金 T+D	黄金期货
1	交易单位	10 克/手	1000 克/手	1000 克/手
2	最小变动价位	0.01 元/克	0.01 元/克	0.05 元/克
3	每日价格最大波动限制	上一交易日收盘价的±30%	上一交易日收盘价的±5%	上一交易日结算价的±6%
4	最小单笔报价量	1 手	1 手	3 手
5	最大单笔报价量	50,000 手	200 手	—
6	最低保证金比例	全额交易	6%	不同合约有所不同

此外，就实物交割而言，黄金期货的基准交割品种是含金量不小于 99.95% 的国产金锭，即 AU99.95 国产金锭，以及经上海期货交易所认可的伦敦金银市场协会认定的

合法供货商或精炼厂生产的标准金锭。

4. 黄金 ETF

顾名思义，黄金 ETF 是一种基金，其募集的资金用于投资黄金。根据上海黄金交易所官网上的定义，黄金 ETF 是指"将绝大部分基金财产投资于上海黄金交易所挂盘交易的黄金品种，紧密跟踪黄金价格，使用黄金品种组合或基金合同约定的方式进行申购赎回，并在证券交易所上市交易的开放式基金"。

在上海证券交易所和深圳证券交易所中，场内交易的黄金 ETF 主要有"中银上海金交易型开放式证券投资基金""华安易富黄金交易型开放式证券投资基金""易方达黄金交易型开放式证券投资基金"等。

场外交易的黄金 ETF 联接基金主要有"华安易富黄金交易型开放式证券投资基金联接基金 A 类""易方达黄金交易型开放式证券投资基金联接基金 A 类""国泰黄金交易型开放式证券投资基金联接基金 A 类""工银瑞信黄金交易型开放式证券投资基金联接基金 A 类"等，可以在支付宝的基金频道、微信的理财通基金频道、天天基金网等场外交易平台查询。

第6章

投资法则：聪明理财的黄金准则

6.1 赢在顺势而为，败在盲目跟风

在日常生活和工作中，我们经常需要做各种选择。有的选择会让我们左右为难，纠结不已。在瞬息万变的金融市场中，投资者时刻都在面对选择。要想实现预期，在做选择时就必须遵循最核心的投资法则——顺势而为，这也是聪明理财的黄金准则。

什么是顺势而为？顾名思义，顺势而为就是顺应趋势而行动。也就是说，我们的行动应该与市场趋势保持一致，而不是与之相悖，与趋势相悖就成了逆势而为。顺势而为意味着采用与趋势发展相适应的思维与行动策略。它具有以下四大优势。

6.1.1 顺势而为能最大程度降低投资的决策风险

古语有云："时移势迁。"这句话在金融市场中也适用。在不同的时期，金融市场的行情趋势各不相同。在实践中，选择与金融市场行情趋势相符的投资方向，采取顺势而为的投资策略，避免逆势操作，虽然未必能确保实现预期的理财收益，但至少能降低决策错误的概率。因此，顺势而为能最大程度降低投资的决策风险。

6.1.2 顺势而为有较大概率获得高收益

不可否认，顺势而为不一定就能实现预期的理财收益。在股市上涨时，仍然会有一些股票表现平平，跑输大盘。但大部分股票通常能够跟随大盘上涨，甚至超过其上涨幅度。这就意味着，只要顺应股市的上涨趋势，选择符合上涨趋势的股票进行布局，就能有较大概率获得高收益。

此外，在商品期货或股指期货市场中，选择符合行情趋势的期货合约也是一种策略。比如，市场呈现上涨趋势时开多仓，呈现下跌趋势时开空仓，获得高收益的概率相对就更大。

6.1.3 顺势而为能有效发挥投资资金的时间价值

采用符合行情趋势的顺势而为策略，除了能最大程度地降低投资的决策风险，还能有效发挥投资资金的时间价值。这该如何理解呢？

继续以股票为例。假设阿珍和阿强各用 10 万元投资股票。阿珍买入了一只符合上涨趋势的股票，持有 3 个月，获得了 30%的收益。而阿强选择的是一只逆势下跌的股票，一买入就因股价下跌而被套，持有 3 个月后亏损了 40%。虽然投资金额和时间周期相同，但是阿珍的 10 万元在 3 个月内有效地发挥了时间价值，而阿强的 10 万元却被套了 3 个月，没有产生任何价值。

6.1.4 顺势而为有助于保持良好的投资心态

在现实中，大部分投资者都是自己进行人工交易操作的，而非程序化交易。人工交易必然会受到人性弱点的影响。进一步讲，一旦逆势投资的效果不如预期，或遭受大幅亏损，投资者往往会产生失落、懊悔、自责，甚至愤怒等负面情绪，容易陷入投资的负向循环。

相比之下，当投资者采取顺势而为的策略进行投资时，所布局资产的行情大概率向好，很可能获得符合预期的投资收益。由于投资收益符合预期，投资者就会产生愉悦、满足等正面的积极情绪，投资心态也会更好，有利于形成投资的正向循环。

看到这里，有的投资者可能就有意见了："不是我不想顺势而为，而是我不知道该怎样顺势而为。"在实践中，的确有不少投资者不懂该如何顺势而为。其中，最常见的原因之一是对自己的投资缺乏有效认知。正如本书前言所述，人永远赚不到超出自己有效认知范围的钱。由于缺乏有效认知，投资者不知道该如何顺势而为。

本书的前几章介绍了投资必备的背景知识，还介绍了基本面分析、技术面分析、财报分析、资金面分析等技巧。通过综合运用这些知识与技巧，投资者可以判断不同投资市场的行情趋势，从而制定顺应趋势的投资策略。为了便于理解，这里总结了实现顺势而为的"三分"要点。

1. "第一分"：分析宏观经济的现状与未来发展趋势

无论是投资房产，还是投资股票、基金、黄金、期权和期货，分析宏观经济的现状与未来发展趋势都是不可忽视的关键一环。对于非经济相关专业的或没有相关行业经验的投资者，宏观经济分析可能太复杂、太难了。其实，如果只是投资理财而非进行深度的学术研究，并不需要面面俱到，只需关注三个核心经济指标：GDP、利率和国债收益率。

（1）GDP

1970年诺贝尔经济学奖得主、美国著名经济学家保罗·萨缪尔森（Paul A. Samuelson）曾在其著作《经济学》（*Economics*）中如此评价："GDP是20世纪最伟大的发明之一。"这句话充分说明了GDP的重要性。

在分析GDP数据时，我们主要关注的是GDP增长率，包括季度环比增长率和年度同比增长率，并且会关注增长率的变化趋势。简单来说，如果季度环比增长率与年度同比增长率都有所增加，并且增长率呈现扩大趋势，说明宏观经济发展向好；反之亦然。

对金融市场而言，GDP数据向好，通常利好顺周期类型的资产，比如房产，顺周期的股票、基金和商品期货等，同时利空逆周期类型的资产，比如债券，逆周期的股票、基金和商品期货，黄金期货/现货等；反之亦然。

（2）利率

在经济增长乏力或经济景气度低的时候，央行通常会采取宽松货币政策，低利率是其中的主要措施之一。例如，2008年全球经济危机爆发后，美国联邦储备委员会（The Board of Governors of the Federal Reserve System，即美联储），推出了多轮刺激经济发展的量化宽松（Quantitative Easing）货币政策，也就是俗称的QE。在QE期间，美联储多次降息，基准利率曾降至0%~0.25%，这也是所谓的"趋近于0的极低利率"。

低利率能够提振投资者入市的意愿，具有政策面与资金面的双重利好效应。这就意味着，在双重利好效应下，房产与顺周期的股票、基金、商品期货等理财工具的行情会逐步向好；相反，债券、逆周期的股票、基金与商品期货、黄金期货/现货等理财工具，则可能承压。

（3）国债收益率

第2章介绍了国债相关的知识。国债的发行主体是国家，被公认为是具有最高安全系数的稳健型投资品种。投资者对国债的投资意愿和需求体现了他们当前的投资态度，以及对未来宏观经济的看法。

一般来说，当宏观经济前景向好时，投资者倾向于持有长期国债，比如十年期国债。这样一来，投资者对长期国债的需求就会增加，进而推高其价格，而国债的价格与收益率之间是负相关的关系，因此长期国债的收益率就可能下降。

反之，当宏观经济前景具有较大不确定性的时候，投资者更倾向于持有短期国债。这会导致对长期国债的需求减少，长期国债的价格下跌，收益率则有所上升。

需要注意的是，在分析国债收益率时，不仅要关注数值的高低，还需要结合其变化趋势综合判断。

2. "第二分"：分析投资市场的技术趋势

分析宏观经济的现状与未来趋势属于基本面分析。除了基本面分析，投资者还可以运用技术面分析来分析投资市场的技术趋势，即综合运用均线、MACD、KDJ、黄金分割线等金融市场通用技术指标，判断股票、基金、黄金、期权、期货等不同投资资产的技术趋势。如果对技术趋势的判断与宏观经济的走势相符，技术面与基本面实现共振，说明这个判断很可能是有效的，顺势而为的成功率也会相对更高。

3. "第三分"：分析投资者热度

投资者热度反映了投资者对某项投资的情绪。通常情况下，情绪高涨、交投活跃，意味着投资者热度高；反之，情绪低迷、交投冷淡，则意味着投资者热度低。

尽管人们常说"事在人为"而非"'势'在人为"，但是投资者热度对市场的趋势同样会产生一定影响，尤其是金融市场。例如，在股市中，如果投资者热度持续高涨，资金就会持续涌入，推动股市上涨；反之亦然。

在国际金融市场中，反映投资者热度的指数主要有美国散户投资者协会（The American Association of Individual Investors，AAII）推出的"AAII 投资者情绪指数"（AAII Investor Sentiment Index）、美国有线电视新闻网财经频道推出的"恐惧和贪婪指数"（Fear and Greed Index）、德国的欧洲经济研究中心（Zentrum für Europäische Wirtschaftsforschung）推出的"ZEW 经济景气指数"（ZEW Economic-sentiment Index）等。在我国，反映投资者热度的指数主要有北京大学国家发展研究院推出的"中国投资者情绪指数"（China Investors' Sentiment Index，CISI）、南方财经全媒体集团推出的"南财市场情绪指数"等。这些指数可以辅助判断投资者热度。

此外，从日常生活的角度，也能感受到投资者热度的变化。例如，身边的亲朋好友、同事、同学、左邻右里或大街上的陌生人，如果这些人都在谈论某种投资，说明该项投资的投资者热度已经非常高了。近年来，房产、股票或基金行情火热的时候，都曾出现过这种景象。

要是大多数人都在谈论或参与某项投资，往往也意味着市场已经是"强弩之末"。正如"股神"沃伦·巴菲特（Warren Buffett）所说的"众人贪婪我恐慌"（To be fearful when others are greedy），一旦出现这种情况，就该择机出局了，而不是"勇往直前"。谨记这句投资谚语："卖在人声鼎沸处，买在无人问津时。"

需要强调的是，顺势而为绝不是盲目跟风。顺势而为与盲目跟风之间有 4 个本质区别。

1. 主动 vs 被动

顺势而为是主动的行为，投资者通过主动分析宏观经济的现状与未来趋势，做出相应的决策和行动。而盲目跟风则是被动的，投资者没有主动地进行分析和研究，只是被动地跟随他人的决策和行动。这种过度依赖他人的做法往往容易导致投资错误。

2. 明确 vs 迷糊

顺势而为是投资者在看清趋势之后的主动行为，有明确的预期和目标，属于"谋定而后动"。而盲目跟风是投资者被动跟随他人，对趋势和方向迷迷糊糊，没有明确的预期和目标，是"人动我也动"的从众行为。

3. 与时俱进 vs 盲目模仿

顺势而为是与时俱进的行为，投资者会根据不同时期的趋势而进行相应的决策和操作。而盲目跟风只是在盲目模仿他人，由于投资者本身缺乏有效认知与应变能力，往往会产生负面结果。

4. 风险可控 vs 风险高企

顺势而为是投资者经过主动分析和风险评估之后进行相应的决策和操作，能够最大程度地降低不确定性风险的影响。而盲目跟风只是单纯地模仿他人，忽视甚至无视投资的不确定性风险，往往因风险高企而导致投资失利。比如，行情已到"强弩之末"却依然盲目跟风进场投资，那么成为纠结又无奈的"接盘侠"就是大概率的事情了。

综上所述，要实现盈利，成为一名成功的投资者，关键在于掌握有效认知，并进行顺势而为的决策与操作，而不是稀里糊涂地盲目跟风。后者在投资中极有可能败北。

6.2　看懂经济周期，选对理财工具，才能与时间做朋友

在顺势而为的过程中，不可忽视"时异势殊"的情况。换句话说，随着时间的推移，趋势就会发生变化，并非一成不变。就宏观经济而言，这一点尤为明显，因为经济的发展往往具有一定的周期性规律。

经济周期一般可分为 4 个主要阶段：经济繁荣期、经济衰退期、经济萧条期和经济复苏期。在经济周期的不同阶段，不同的投资理财工具会呈现不同的行情趋势。

6.2.1 经济繁荣期

在经济繁荣期的初期和中期，经济活动非常活跃，社会投资热度高企，生产供应持续扩大，企业利润大幅增长，消费者的消费意愿强烈，消费增速强劲，通胀率保持在温和的良性水平。这些正面因素共同推动 GDP 高速增长，并且 GDP 增长率呈现上升趋势。整体而言，经济发展积极向上，这通常对顺周期行业的股票或基金、指数基金和相关的商品期货，以及股指期货多头合约、认购期权等投资工具有利好影响。与此同时，具有资金避险属性的债券、黄金，逆周期行业的股票、基金和相关的商品期货，以及股指期货空头合约、认沽期权等投资工具则可能承压。

值得注意的是，在经济繁荣期的末期，经济活动达到顶峰，社会投资热度也达到难以为继的高点，生产供应过剩，企业利润下降，消费增速放缓，通胀率上升，这些因素导致原本高速增长的 GDP 增速开始放缓。"高处不胜寒"的经济出现下行拐点。此时，顺周期行业的股票或基金、指数基金和相关的商品期货，以及股指期货多头合约、认购期权等很可能见顶而下行，而逆周期行业的股票、基金和相关的商品期货，以及股指期货空头合约、认沽期权等投资工具则可能开始受益。与此同时，债券、黄金等避险类投资工具则可能呈现行情转好的迹象。

6.2.2 经济衰退期

经济繁荣期结束后，经济开始步入衰退期。在这个阶段，经济活动的活跃度持续下降，社会投资热度减弱，生产供应减少，企业利润下降，消费者的消费意愿低迷，消费增速放缓，导致 GDP 增速下降。

一般来说，逆周期行业的股票、基金和相关的商品期货，以及股指期货空头合约、认沽期权、债券、黄金等投资工具在经济衰退期会受益。相反，顺周期行业的股票或基金、指数基金和相关的商品期货，以及股指期货多头合约、认购期权等投资工具则会面临利空压力。

6.2.3 经济萧条期

经济萧条期与经济繁荣期截然相反。在经济萧条期，经济活动普遍低迷，社会投资热度降低，生产供应不足，企业利润萎缩，消费者的消费意愿低迷，消费增速放缓，通胀率高企。在这些负面因素的综合影响下，GDP 增长停滞，甚至出现负增长。

在这一阶段，逆周期行业的股票、基金和相关的商品期货，以及股指期货空头合约、认沽期权、债券、黄金等投资工具通常会受益。与此同时，顺周期行业的股票或基金、指数基金和相关的商品期货，以及股指期货多头合约、认购期权等投资工具，则很可能面临持续的利空压力。

话说回来，一旦经济在萧条期的末期触底，即经济到达谷底而出现"否极泰来"的拐点，就会转入经济复苏期。此时，顺周期行业的股票或基金、指数基金和相关的商品期货，以及股指期货多头合约、认购期权等投资工具，可能会迎来曙光。而逆周期行业的股票、基金和相关的商品期货，以及股指期货空头合约、认沽期权、债券、黄金等投资工具，则可能面临风险。

6.2.4 经济复苏期

在经济萧条期触底之后，经济活动开始持续反弹，进入复苏阶段。社会投资热度逐渐回升，生产供应重新获得动力，企业利润水平逐步上升，消费者的消费意愿慢慢恢复。在这些积极因素的推动下，GDP 增速由负转正，稳定增长，宏观经济逐步迈向繁荣期。

在这个阶段，顺周期行业的股票或基金、指数基金和相关的商品期货，以及股指期货多头合约、认购期权等投资工具，具有重启上行模式的潜力，而与之属性相反的投资工具则面临持续承压的风险。

综上所述，在经济周期的不同阶段，受益或承压的投资工具不尽相同。只有选择顺应经济周期的投资工具，才能实现投资目标。换句话说，在不同的趋势下，只有选择对投资工具，才能放心地长期投资，与时间做朋友。如果选择错误，还坚持长期投资，则极有可能损失本金，使自己懊恼不已。

6.3 别把鸡蛋放进同一只篮子里：组合投资的五大优势不可不知

"Don't put all your eggs in one basket"（别把所有的鸡蛋放进同一只篮子里），这句话源自1981年诺贝尔经济学奖得主詹姆斯·托宾（James Tobin）的"资产组合理论"，也体现了该理论的核心思想。其中，"鸡蛋"比喻的是投资者的资金，而"篮子"则泛指投资者配置的各类资产或投资标的，包括房产、银行存款、股票、债券、基金、黄金、期货、期权等。

那么，为什么不能把所有鸡蛋放进同一只篮子里呢？

道理很简单。打个比方，假设阿珍把所有鸡蛋都放进同一只篮子里，如果路途崎岖，走路时一不小心失手，篮子掉了，或者一路磕磕碰碰，篮子里的鸡蛋就很可能全碎了。可见，把所有鸡蛋都放进同一只篮子里，是很不明智的做法，有很大的风险。

从投资风险的角度上看，把鸡蛋都放进同一只篮子里，就等于把所有的投资风险都集中在同一种资产类型或投资工具上，一旦遇到超出预期之外的不确定性风险，就很有可能导致大部分甚至全部资金亏损。所以，更为适宜的做法是把鸡蛋分别放在不同的篮子里，也就是通过不同的资产类型或投资工具来配置资金，使投资风险分散，降低整体风险。

在实践中，资产组合理论与组合投资理论的理念是一致的。组合投资指的是通过多种资产组合的方式进行投资理财。组合是常见的数学概念之一，而在金融投资领域，组合一般指的是投资组合，由不同类型的资产或投资标的组成，如房产、银行存款、股票、债券、基金、黄金、期货、期权等。这些资产按照不同比例灵活搭配，就构成了投资组合。比如用不同类型的股票组成投资组合，这样投资的资金就按照不同的比例被分散配置，这就是组合投资的一种形式。

组合投资的首要目的是降低投资的整体风险。如果配置得当，组合投资还能实现资产的长期保值与增值。

总的来说，组合投资具有五大优势，下面几节将展开来讲。

6.3.1 把鸡蛋放进不同的篮子里，避免投资单一化

换个角度来看，詹姆斯·托宾所说的"别把所有的鸡蛋放进同一只篮子里"还可以理解为，应当把鸡蛋分别放入不同的篮子。投资者应当把资金投向不同类型的资产或投资标的，切忌将所有资金都投入同一种资产或投资标的。

换言之，投资者应该避免投资的单一化，因为投资单一化就意味着投资风险集中化。俗话说"天有不测风云"，投资风险具有不确定性，一旦对市场的行情趋势判断失误或遭遇预期之外的不确定性，就可能陷入重大亏损的泥潭。

组合投资采用科学合理的多样化投资模式，而非单一化投资模式，分散了投资风险，即便对趋势的判断有误或遭遇投资风险，也不至于陷入全部亏损的绝境，正所谓"留得青山在，不怕没柴烧"。

6.3.2 "东边不亮西边亮"，降低投资组合的整体风险

通常，投资组合由不同类型的资产或投资标的组成。房产、银行存款、股票、债券、基金、黄金、期货、期权等是最常见的资产和投资标的。需要注意的是，即使投资组合中包含多种类型的资产，也应该避免过于集中在某一种或少数几种资产上。

以股票为例，股票包括科技股、能源股、银行股、黄金股、传媒股等不同种类。在进行资金配置时，不能仅满仓布局同一种股票，而是应当用不同的仓位配置不同种类的股票。

本书前面的章节介绍了对冲的概念，其实组合投资同样具备对冲属性。配置不同类型的资产就相当于跨金融市场对冲，而配置相同资产类型的不同投资标的则相当于同金融市场对冲。简单来说，组合投资主要通过对冲策略来降低投资组合的整体风险，具有"东边不亮西边亮"的对冲效果。当投资组合中的个别资产表现不佳时，其他表现好的资产就能对冲相应的亏损，进而降低投资组合的整体风险。

6.3.3 在资金保值的前提下，实现稳健增值

组合投资最大的优势是分散和降低风险，最大程度地实现资金保值。组合投资一般采取的是稳健的投资策略，通过投资不同类型的资产，充分利用各种资产市场的机会，实现稳健增值。简单来说，组合投资就是在资金保值的前提下，实现投资资金的稳健增值。

6.3.4 灵活满足个人需求

在进行组合投资时，投资者可以根据个人的资金量、风险承受能力、投资经验、投资目标等多方面的实际情况，"量身定制"适合自己的投资组合，并据此合理分散配置投资资金。可见，组合投资具有很高的灵活性，能够满足各类投资者的需求。

6.3.5 获得不同资产投资的知识与技巧

网上有个段子调侃A股投资者，"上知天文，下知地理，中间还懂2纳米"。之所以这么说，是因为股市中的上市公司来自各行各业，涵盖了不同领域，对A股投资者来说，要跟上股市的行业轮转与题材炒作节奏，就得掌握相关行业或题材的基本知识。

"技多不压身"，这句话对采用组合投资方式的投资者同样适用。不管投资何种类型的资产，都需要掌握相关的知识与技巧，才能实现投资预期。组合投资会迫使投资者主动学习相关的知识与技巧，拓展投资理财的认知范围。

综上所述，采用组合投资方式，投资者可以根据自身的条件灵活确定适配的投资

组合，规避单一化投资所带来的集中风险，降低整体投资风险，同时在确保资金保值的前提下，实现稳健增值，在此过程中还能拓展自己投资理财的认知范围，可谓"一举多得"。

6.4 懂赚钱，更要会守住钱，避免"财来财去一场空"

无论古今，赚钱都是人类社会普遍存在的行为。人们通过劳动、参与经济活动、创造价值、投资等不同方式获得金钱回报，在满足生活需求，提升生活质量的同时，实现个人、家庭、社会的和谐发展。

古语有云"君子爱财，取之有道"。这句话告诉我们一个道理：赚钱既要尊重公序良俗，又必须恪守法律法规，不能不择手段赚取不义之财。

然而，懂得如何赚到钱，更要懂得如何守住钱。换言之，赚到钱只是一个开始，守住钱，也就是进行财务管理，才是关键。那么，为什么要进行财务管理呢？总的来说，进行财务管理有四大好处。下文将展开讲解。

6.4.1 合理规划资金用途

通过制定科学合理的财务管理规划，可以更好地控制和管理个人的开支。在了解自己的收入和支出情况之后，制定合理的预算计划，合理规划资金用途，能避免不必要的花销与浪费，以便留出更多可支配的资金进行理财，实现财富增长。换言之，制定财务管理规划的目的不仅在于管好现有资金，更重要的是利用现有资金来实现"钱滚钱"，使资金增值。

如果突然获得一大笔资金或大额财富，则更应当制定科学合理的财务管理规划，以免"财来财去一场空"，只是享受了短暂的"曾经拥有"的欢愉。

6.4.2 应对预期之外的突发状况

制定科学合理的财务管理规划，有助于我们在节约花销的同时，留出资金为自己筑起一道较高的财务"防护墙"。"天有不测之风云"，当出现预期之外的突发状况或意外事件时，我们才能够冷静、妥善地应对，不至于手足无措，更不至于陷入财务困境。

6.4.3 提升自身的财务管理综合素养

一般来说，要实现科学合理的财务管理，必须掌握消费、预算编制、储蓄规划、投资理财、风控等多方面的知识与技能。通过学习这些知识与技能并在实际操作中应用，以及不断总结经验，能有效提升自身的财务管理综合素养。

6.4.4 实现个人追求或生活目标

科学合理的财务管理规划不仅能支持个人实现休闲娱乐、文体旅游、文化艺术等方面的追求，同时也有助于达成一系列重要的生活目标，如资金储备、财富积累、投资回报、购置房产、成家立业、子女教育、赡养长辈、退休准备等。良好的财务管理可以建立起稳定的被动收入来源，迈向财务独立。而优秀的财务管理则将助力个人实现财务自由，过上无财务压力的生活，享受充实和幸福的人生。

总而言之，能赚到钱，更要能守住钱，才能实现赚钱与守钱的良性循环，避免"财来财去一场空"。要让财富像滚雪球一样不断增长。

那么，应该怎样做财务管理规划呢？下面总结归纳了 6 个要点。

1. 制定预算计划，确立财务目标

无论是工资、创业营利，还是投资理财所得，都应当列入财务管理规划，尽可能详细地记录收入和支出明细。通过这些数据清晰地了解自己的收入来源和支出用途，从而合理分配资金，制定适合自己的财务管理规划。

(1)制定与评估预算计划

在每月月初,制定当月的月度预算计划,详细列出所有收入来源及相应的收入金额或区间,以及日常的必要开支、房租、贷款、子女教育费、长辈赡养费等支出项目。确保收入大于支出,并且预留应对突发状况的"安全金",再预留一部分用于理财的"理财金"。

在每月的最后一天,评估月度预算计划的执行情况。这不仅有助于优化下个月的预算计划,还能通过总结经验或反省,逐步培养与确立财务管理的纪律性,提升理财的成功率。在执行层面的纪律性是实现理财预期的关键之一。

(2)设定明确且合理的财务目标

在制定预算计划的基础上,根据自身实际情况,设定明确且合理的财务目标,包括储蓄、房产购置、成家立业、子女教育、赡养长辈、财富增值等。虽说人生要有远大梦想,但是财务目标则应当尽量务实合理,以能逐步实现为宜。切忌好高骛远,以遥不可及的"空中楼阁"为目标。

可以将财务目标划分为短期、中期与长期的目标,便于后期跟进和评估。比如,未实现的财务目标是否需要调整,或者在原有财务目标已实现的情况下是否增加新的目标。

(3)遵循月度预算计划,理性消费

遵循每月制定的月度预算计划,理性消费,避免因贪图一时之乐的冲动消费,更要严格控制超出实际需求的过度消费。换言之,避免将钱财浪费在不必要的花销上,尽量留下更多的闲钱,以便在理财时有更多可支配的"筹码"。毕竟有更多的本金,才有可能赚到更多钱,而不是奢望一本万利。

2. 坚持每月储蓄,养成定期投资的习惯

"仓中有粮,心里不慌。"必须根据所制定的资金储蓄目标,坚持每月或定期将一定数额的资金存入银行。可以设置为定期存款,如果符合资金门槛要求,也可以设

置为大额存单。由于货币基金具有"类储蓄"的特性，也可以用一部分资金配置货币基金。

除了储蓄，还应根据自身的实际情况，养成定期投资的习惯，在风险承受范围之内，配置基金、债券、黄金、股票等不同的理财工具。需要注意的是，在投资时必须审慎决策，分散风险，避免将过多的资金集中在单一的理财工具中。通过合理的组合投资规划，才能既保障资金安全，又实现财富的稳健增长。

3. 合理运用借贷信用，避免高负债

借贷是现代社会中常见的现象，比如用于购车的车贷、购房的房贷，创业者的创业贷、企业主的经营贷，还有个人的消费贷、装修贷等。在银行贷款是再正常不过的行为，但是要合理运用借贷信用，适度借贷，避免过度依赖借贷，更要避免高负债，否则高额利息会产生过大的财务压力，导致债台高筑而无法偿还。

4. 适应变化，与时俱进

宋代著名诗人欧阳修的《南獠》有云："时移事亦移。"财务管理同样如此，要根据时间、空间、经济环境、生活的变化而变化。财务管理规划并非一成不变，而是要与时俱进，根据社会经济、投资市场与个人财务的变化而调整，用四个字概括就是顺势而为。

5. 先学习，再实践

在进行财务管理和投资理财之前，必须学习相关的理财知识，了解不同理财工具的特点、风险和操作方式，掌握基本的理财技巧和策略。一知半解甚至全然不知就匆匆实战，都是非常冒险的做法。

就好比驾驶机动车一样，必须先在驾校学习理论和操作，然后通过考试获取驾驶证之后，才能正式驾驶与所持证匹配的车。

简单来说，要做银行理财，就要先学习银行理财相关的知识与技巧；要做基金投资，就要学习基金相关的知识与技巧；要炒股票，就要学习股票相关的知识与技巧，

以此类推。有了一定的基础之后，再着手实战。此外，在学习和实践中，还应不断总结和归纳，形成适合自己且行之有效的理财方法论，才能实现财富增长的目标，让财富滚雪球。

综上所述，财务管理规划的目的是不仅要管好现有的钱，还要留出更多的闲钱来理财，实现"钱滚钱"的财富增长。

6.5 "因人制宜"：十类人群的理财攻略

随着社会经济的发展，理财观念越来越普及，参与理财的人群越来越广泛。可以说，理财已经成为现代人日常生活的重要组成部分。但是，由于每个人的知识背景、收入水平、家庭构成和未来规划存在差异，其财务管理规划不尽相同，理财的需求和模式也各不相同。下文总结了十类人群的理财攻略。

6.5.1 青少年

对于青少年来说，理财的重点是尽早培养良好的储蓄和理财习惯，通过学习和实践拓展理财认知，提升理财能力。青少年的理财工具以银行存款、低风险的货币基金与短期的国债逆回购为主。

根据我国境内的银行开户规定，16周岁以上的居民即可持居民身份证或临时身份证在银行开立账户。这意味着，16周岁以上的青少年可以开始培养储蓄习惯，将零花钱、压岁钱、暑期打工收入等积攒的资金存入银行，根据个人情况办理活期存款或定期存款，同时制定合理的消费与储蓄规划。18周岁以上的青年还可以开立基金账户和债券账户，尝试国债逆回购和货币基金理财。

如果是金融、经济等相关专业的在校学生，可以在掌握相关知识和技巧之后，适当尝试更积极的理财方式。比如开立证券账户，用小部分资金配置股票，通过实践检验所学的知识，实现"知行合一"。

6.5.2 初入职场的年轻人

初入职场的年轻人虽然有了工资收入，但是衣食住行等日常开销也会远高于在校时期，因此必须在制定开销计划的基础上，确立适合自己的理财策略。这类人群应该选择以货币基金、短期国债、短期国债逆回购为主的低风险理财工具，适时考虑定投债券基金和指数基金。

建议这类人群：在月初制定当月的开销计划，包括房租、生活费、交通费、娱乐费等各项开支，确保量入为出，避免过度消费和借贷消费，尽量在合理开支之外留出更多可支配的闲钱；同时，积极学习银行储蓄、债券、基金、股票等理财工具的知识和技巧，在初期以投资货币基金、短期国债与短期的国债逆回购为主，积累一定经验后，再进一步尝试定投债券基金、指数基金等。

6.5.3 中高收入的工薪人群

中高收入的工薪人群拥有较多的可支配资金，这意味着能用于理财的资金也较多。但是在理财时仍应当注意风险与收益的平衡，避免单一化投资，应当采用组合投资模式。

除了严格遵守开销计划，还可以制定更积极的中长期理财计划，以中长期定期存款、大额存单、国债、货币基金、国债逆回购为主要投资对象，在风险可控的前提下，再以定投方式配置指数基金、混合基金和股票基金。此外，还可以合理利用银行借贷，投资住宅类优质房产。

6.5.4 高净值人群

"高净值"指的是较高的净资产价值，高净值人群就是拥有较高净资产价值的人群。这类人群拥有较高的收入，已经积累了可观的财富，具备选择和配置多种理财工具的实力。

高净值人群可以采用组合投资的方式，长期配置股票、债券、基金、黄金、房地产、私募基金等理财工具，在风险可控的前提下，积极寻求更高的长期投资回报。例如，在股票方面可以长期投资分红稳定的绩优蓝筹股；在债券方面，则可以适当布局有更高收益预期的金融债券与可转债；在基金方面，可以长期定投指数基金和混合基金；对于黄金投资，则可以配置银行的实物金条；在房地产投资方面，可以综合配置住宅类房产和商业地产；此外，在私募基金方面，可以重点投资优秀的私募证券基金，并以小仓位配置风险较高的私募股权基金。

6.5.5 自由职业者

移动互联网时代开启之后，从事自由职业的人越来越多，如自媒体创作者、自由撰稿人、插画师、设计师等，这类人群一般被称为自由职业者。自由职业者的收入通常不太稳定，因此更适合选择灵活度高、风险低的理财方式。

在严格执行开销计划的同时，自由职业者应重视缴纳社保，手里的闲钱或收入可以重点配置货币基金，参与短期的国债逆回购。在积累了一定资金之后，再配置中短期国债，适量定投债券基金与指数基金。

6.5.6 创业者

创业者通常需要将时间和精力集中在创业项目之上，因此最好选择不需要花太多时间关注和打理的理财工具。处于创业初期的创业者对资金需求量较大，应尽量避免不必要的消费与支出，以便保持良好的现金流。在理财工具方面，与自由职业者相似，创业者也可以重点配置货币基金，积极参与短期的国债逆回购。

已经有所成就的创业者，可以投资优质房产，并进一步尝试其他理财工具，如定投指数基金、混合基金、股票基金等，因为采用定投的方式不需要花太多时间去关注。积累了丰富创业经验的创业者，则可以适当参与自己熟悉的高增长行业的创业项目的股权投资。

6.5.7 单身人群

单身人群指处于非恋爱状态或未婚的成年人群。通常来说，单身人群大多拥有稳定的收入和较强的经济独立能力，花销相对可控，能留出更多资金用于理财。

单身人群适宜采用"稳中有进"理财模式，重点配置低风险的货币基金，积极参与短期国债逆回购，并适度定投指数基金、混合基金、股票基金。如果资金充沛，还可以尽早购买自住的优质房产。

6.5.8 刚成家的小夫妻

对于刚成家的小夫妻来说，理财的重点是双方共同参与家庭财务管理规划，在制定合理的家庭花销计划的基础上，尽量留出更多资金用于理财。由于成家后双方都会承担更多的家庭责任，理财策略仍需以稳健增值为主。

已拥有自住房产的夫妻，如仍有房贷，则还完房贷月供后的资金可以重点配置低风险的货币基金，参与短期的国债逆回购，实现稳健增值，还可以适当定投债券基金、指数基金、混合基金。

如果还未购置自住房产，则可以配置银行大额存单与货币基金，积极参与中短期的国债逆回购，在确保资金安全的前提下，积累购房资金。

6.5.9 "宝爸""宝妈"人群

与刚成家的小夫妻相比，"宝爸""宝妈"人群增加了养育孩子的责任，处于"上有老，下有小"的"夹心"状态。因此，这类人群在理财时应侧重于稳健增值，不可冒进，应该合理规划日常必要开支，包括房贷月供、子女教育、医疗支出、人情往来等方面的支出，避免不必要的消费。

在选择理财工具时，应优先考虑银行大额存单、货币基金、中短期的国债及国债逆回购，适度定投债券基金、指数基金和混合基金。此外，如果经济条件允许，"宝爸""宝妈"们还可以购置银行实物金条，以及用适度的仓位长期投资分红记录良好的绩优蓝筹股。

6.5.10 退休人群

对于退休人群来说，理财的重点是在确保资金安全的前提下实现稳健增值，避免参与高风险理财，应该选择相对稳健和安全的理财工具，比如可以重点配置银行定期存款、大额存单、实物金条和中短期国债。年龄未超过 70 周岁的退休人群，还可以参与货币基金理财。

需要强调的是，退休人群更容易受到高收益理财的诱惑，因此更应该学习相关的理财安全知识，家中晚辈应当多关心长辈的理财情况，避免遭受重大资金损失。

综上所述，无论哪类人群，都应当养成制定财务管理规划的习惯。理财的第一步是树立风险意识，根据自己的实际情况选择合适的理财工具，在风险承受范围内合理制定理财策略。同时，在理财前，必须对理财工具有必要的认知，掌握相关的知识与技巧，通过不断学习与实践，形成适合自己的行之有效的理财方法论，以提高实现理财目标的可能性，让财越理越多，而不是越理越少。

第 7 章

大师智慧：顶级投资大师的独门赚钱法

第 7 章
大师智慧：顶级投资大师的独门赚钱法

7.1 从"股神"到世界首富：沃伦·巴菲特的投资诀窍

毫不夸张地说，几乎所有炒股的投资者都会知道一位响当当的人物，那就是被誉为"股神"的沃伦·巴菲特（Warren Buffett）。如今，沃伦·巴菲特年过九旬，但这位睿智的长者依然在续写他的"股神"传奇。

7.1.1 沃伦·巴菲特与众不同的成长之路

1930 年 8 月 30 日，沃伦·巴菲特出生于美国中西部的内布拉斯加州最大的工商业城市——奥马哈。他的父亲霍华德·巴菲特是一名股票经纪人。巴菲特从小就展现出与众不同的一面，年仅 6 岁就在家附近兜售口香糖，赚到了他从商生涯的"第一桶金"。

孩提时，巴菲特经常去父亲的股票经纪公司，时常用粉笔在公司黑板上记录股价。在父亲的耳濡目染之下，他 11 岁时就投身股市，成为一名小股民。他还与姐姐多丽丝合资买入了人生中的第一只股票——"城市服务"（Cities Service）。

1942 年，霍华德·巴菲特当选国会议员，巴菲特举家搬至华盛顿哥伦比亚特区邻近的弗吉尼亚州，在弗吉尼亚州东北部的弗雷德里克斯堡市安家。此后，沃伦·巴菲特在华盛顿特区的伍德罗·威尔逊高中（Woodrow Wilson High School）就读。

1947 年，17 岁的沃伦·巴菲特进入全球首屈一指的商学院——宾夕法尼亚大学沃顿商学院（The Wharton School of the University of Pennsylvania）学习商业。然而，两年之后，他却决定回到家乡内布拉斯加州，转至名气远不如沃顿商学院的内布拉斯加大学林肯分校（University of Nebraska-Lincoln）就读，并在这里获得了工商管理学士学位。

1950 年，沃伦·巴菲特申请进入哈佛大学读研但未被录取，随后考入哥伦比亚商学院（Columbia Business School）研究经济学。

正是在哥伦比亚商学院，沃伦·巴菲特遇到了影响他一生的导师——被誉为"证券分析之父""华尔街教父""价值投资鼻祖"的本杰明·格雷厄姆（Benjamin Graham）。"名师出高徒"，在格雷厄姆教导下，巴菲特进步神速，成为其高足弟子。

1951年，21岁的沃伦·巴菲特以"A+"的优异成绩从哥伦比亚商学院毕业，并获得经济学硕士学位。毕业后，他在父亲的经纪公司当了3年证券经纪人，正式步入投资领域。

1954年，已积累3年行业经验的巴菲特加入导师本杰明·格雷厄姆的投资公司，与之合作了两年。对巴菲特来说，这是他的投资生涯最关键的两年，在格雷厄姆的言传身教之下，巴菲特犹如打通了任督二脉一般，深刻领悟了价值投资的精髓。

1956年，沃伦·巴菲特在家乡奥马哈创立了自己的投资公司"巴菲特合伙有限公司"（Buffett Partnership Ltd.），开启了价值投资之旅。

1965年，沃伦·巴菲特和他的投资公司正式获得了伯克希尔·哈撒韦公司（Berkshire Hathaway Corporation）的控制权，一代"股神"的传奇就此拉开序幕，也开启了伯克希尔·哈撒韦的"投资神话"。

7.1.2　沃伦·巴菲特两度登顶福布斯全球富豪榜

领悟价值投资的精髓之后，沃伦·巴菲特就几十年如一日地践行这一投资理念，他的坚持与执着最终获得了丰厚的回报，无论是个人财富，还是商业领域的投资，价值投资理念都给他带来了无与伦比的成功。

早在1993年，沃伦·巴菲特就以83亿美元的净资产首次登顶福布斯全球富豪榜。2008年，得益于伯克希尔·哈撒韦股价大涨，巴菲特的净资产达到620亿美元，再次登顶福布斯全球富豪榜。其后虽然巴菲特再未登顶，但是依然是福布斯全球富豪榜前排的常客，并且"2022年福布斯全球富豪榜"显示，位居第5位的沃伦·巴菲特净资产高达1180亿美元。

巴菲特的个人成就与伯克希尔·哈撒韦密不可分。2023年9月19日，伯克希尔·哈撒韦的股价突破55万美元大关，创下566,569.970美元的历史新高点，每股股价折合人民币超过了400万元，令人惊叹。

7.1.3 伯克希尔·哈撒韦的股价为何如此高

伯克希尔·哈撒韦能成为全球股价最高的公司，得益于沃伦·巴菲特在投资领域的卓越成就。在巴菲特的掌舵下，伯克希尔·哈撒韦投资的公司可谓星光熠熠。其作为最大股东的三家公司在全球都享有盛名：第一家是家喻户晓的全球饮料巨头，可口可乐公司；第二家是美国赫赫有名的富国银行；第三家则是推出大名鼎鼎的"美国运通百夫长黑金卡"（American Express Centurion Card，俗称"黑卡"）的美国运通公司。

值得一提的是，伯克希尔·哈撒韦之所以能成为这些公司的最大股东并非一日之功，而是得益于几十年如一日的坚持。以美国运通公司为例，1964年美国运通公司的股价曾一度大跌，几近腰斩。当时华尔街的投资人士纷纷恐慌性抛售，而沃伦·巴菲特却坚持其"众人恐慌我贪婪"的投资法则，伯克希尔·哈撒韦公司不断"贪婪"地买入美国运通的股票，最终成为美国运通的最大股东。A股股民经常调侃或自嘲"炒股炒成股东"，亏得一塌糊涂，而伯克希尔·哈撒韦公司虽然也是通过"炒股"成为美国运通公司股东的，但其并未亏损，反而收获了丰厚回报。美国运通公司的股价从1974年的1.763美元涨至2022年的199.550美元，达到历史新高点，增幅超过112倍，令人叹为观止。

除了从1964年就开始买入美国运通的股票，伯克希尔·哈撒韦还从1988年就开始买入可口可乐的股票，从1989年开始买入富国银行的股票。直至2023年，伯克希尔·哈撒韦持有这三家公司股票的时间长达数十年，充分体现了"长期投资"的理念。就如一句窝心的网络流行语所言，"陪伴是最长情的告白"，巴菲特的价值投资正是一种"陪伴式的长情投资"，一旦"确认过眼神"，是对的公司，便"陪伴"下去，长期持有其股票。值得一提的是，伯克希尔·哈撒韦还是闻名遐迩的苹果公司的第二大股东，从 2016 年一季度首次买入其股票，截至 2023 年持有已超过 7 年。

根据伯克希尔·哈撒韦官方网站发布的 "Berkshire's Performance vs the S&P 500"（即"伯克希尔业绩表现 vs 标普 500 指数"）数据，从巴菲特开始掌舵的 1965 年起至 2022 年，伯克希尔·哈撒韦的复合年增长率为 19.8%，超过了同期标普 500 指数的复合年增长率（为 9.9%）。此外，1964 年至 2022 年，伯克希尔·哈撒韦的累计收益率高达 3,787,464%，也就是 37,874.64 倍，同期投资标普 500 指数的累计收益率（或累计回报率）是 24,708%，即 247.08 倍，伯克希尔·哈撒韦的投资成就简直是"碾压"式的超越。

显然，"3,787,464%"是令人词穷的回报率，除了用"哇"来表达无限的惊叹，实在想不出更合适的词。伯克希尔·哈撒韦在投资领域的成功，使其成为全球股价最高的上市公司。截至 2023 年，伯克希尔·哈撒韦仍稳坐全球股价第一高公司的宝座，傲视群雄。

7.1.4　沃伦·巴菲特的投资诀窍

伯克希尔·哈撒韦公司的成功离不开巴菲特的卓越领导，巴菲特的成功则源于他几十年如一日地坚持践行价值投资。那么，为什么沃伦·巴菲特对价值投资如此执着？为什么他的价值投资能如此成功？他究竟掌握了什么投资诀窍？

沃伦·巴菲特专注于价值投资，并非仅出于对导师本杰明·格雷厄姆的尊敬，更因为他认为这种投资方法行之有效。因为有效，所以他一生都在践行，也正因为有效，他获得了个人的巨额财富与巨大的商业成功。

沃伦·巴菲特价值投资的核心诀窍，可以用"滚雪球"来概括。他曾说过："Life is like a snowball, the important thing is finding wet snow and a really long hill."（人生犹如滚雪球，关键在于找到湿雪与长山坡。）这句话蕴含着两个关键词："湿雪"和"长山坡"。

"湿雪"与"长山坡"是理解巴菲特的"滚雪球"价值投资诀窍的关键。"湿雪"

指的是值得进行价值投资的标的，"长山坡"则是指长期执行价值投资的策略。在本杰明·格雷厄姆的弟子中，巴菲特是最忠实的价值投资践行者。一旦发现看好的"湿雪"公司，他就会长期投资，长期持有股票，长情陪伴。

那么，怎样的"湿雪"公司能入巴菲特的"法眼"呢？

在 2022 年"致伯克希尔股东的信"中，巴菲特提到了选择"湿雪"公司的依据，原文如下：

In our second category of ownership, we buy publicly-traded stocks through which we passively own pieces of businesses. Holding these investments, we have no say in management. Our goal in both forms of ownership is to make meaningful investments in businesses with both long-lasting favorable economic characteristics and trustworthy managers. Please note particularly that we own publicly-traded stocks based on our expectations about their long-term business performance, not because we view them as vehicles for adroit purchases and sales. That point is crucial: Charlie and I are not stock-pickers; we are business-pickers.

这段话的大意是：

在伯克希尔的第二类所有权中，部分业务是通过买入股票被动拥有的。不过，尽管持有这些股票，但我们在股票所属公司的管理方面并没有发言权。在这两种所有权形式中，我们的目标一直都是做有意义的决策，投资拥有长期向好的经济特性与值得信赖的管理层的公司。请特别注意，我们基于长期的业绩表现而持有股票，并不是把它们当成频繁交易的工具。还有一点至关重要：查理和我都不是在选股，而是在筛选企业。

从这段话可以看出，"湿雪"公司必须符合如下两个条件。

1. 拥有长期向好的经济特性

"湿雪"公司的第一个条件是拥有长期向好的经济特性，简单来说，就是经济前景向好。以可口可乐公司为例，可口可乐饮料是具有长期稳定的市场需求和业绩增长潜力的快消品，这使得这家公司成为全球饮料行业的巨头。

换言之，"湿雪"公司必须具备有市场竞争力的拳头产品，这样才能够确保具有长期稳定的市场需求，业绩才能有持续增长的潜力，才能成为行业佼佼者、龙头企业甚至巨头企业。以A股市场为例，贵州茅台的茅台酒、格力电器的空调、宁德时代的新能源电池等都属于相应公司的拳头产品。

2. 拥有值得信赖的管理层

公司的管理层犹如公司的大脑，他们决定着公司的发展战略、竞争力、业绩增长能力，乃至盈利能力等核心驱动力。因此，拥有值得信赖的管理层是"湿雪"公司的关键条件之一。

以巴菲特掌舵的伯克希尔·哈撒韦公司为例，公司管理层，尤其是"黄金搭档"沃伦·巴菲特与查理·芒格（Charlie Munger）带领的团队，是伯克希尔·哈撒韦成为全球股价最高的上市公司的核心动力。

对A股市场的普通投资者来说，可以通过上市公司官网、公告、财报等官方渠道披露的信息，了解上市公司管理层相关人员的背景、职位和任职时间等；还可以参考专业机构发布的排行榜或榜单，例如"福布斯中国"发布的"中国最佳CEO"、"新财富"发布的"新财富最佳上市公司领航人"、"界面新闻"发布的"中国上市公司最佳CEO"等，进行综合评估。

通常，一旦巴菲特选定了"湿雪"公司并买入既定目标数量的股票之后，便开始在长期持有这些股票的过程中"滚雪球"，长情陪伴"湿雪"公司的成长。只有当"湿雪"公司出现与其投资逻辑相悖的特殊情况时，他才会执行减持或卖出的策略。

投资理财是一场漫长的旅程，沃伦·巴菲特的成功得益于他找到了适合自己且行之有效的投资模式，并持之以恒地践行，而非"朝三暮四"。换言之，对投资者来说，只要确立适合自己且行之有效的投资模式，找到适合自己的"长山坡"，就能够滚动"雪球"，积累财富。

此外，投资理财的道路并非只有一条，也并非只有一种行进方式。有的人适合步行前进，有的人适合跑步前行，有的人适合骑马奔袭……无论采用何种的行进方式，使用何种投资理财工具，都应当根据自己的条件和能力来选择，而不是难为自己，更不该盲目跟风。

7.2 从高尔夫球童到顶级基金经理：彼得·林奇的励志传奇

彼得·林奇（Peter Lynch）是全球投资界的著名大师之一。他曾是一名高尔夫球童，后来成为华尔街叱咤风云的顶级基金经理，演绎了一段励志传奇。彼得·林奇真的很"出奇"，与"股神"沃伦·巴菲特相比，他真可谓"奇人异士"。

7.2.1 彼得·林奇的不凡经历

1944年1月19日，彼得·林奇出生于美国马萨诸塞州东部的牛顿市。10岁时，父亲托马斯·林奇罹患绝症，带着遗憾撒手人寰。迫于经济压力，原为家庭主妇的母亲不得不重返职场，独力挑起养家糊口的重担。为了减轻母亲的负担，贴补家用，年仅11岁的彼得·林奇便在牛顿市西部一家名为"布瑞本乡村俱乐部"（Brae Burn Country Club）的高级俱乐部开始了高尔夫球童的工作。

布瑞本乡村俱乐部距波士顿市区仅10英里[①]，波士顿很多大公司的总裁、董事、高管等商界成功人士都是该俱乐部的客户。在那里，彼得·林奇结识了投资生涯乃至整个人生的关键导师——富达公司（Fidelity）的总裁乔治·沙利文（George Sullivan）。自此，命运的齿轮开始转动。1966年，在乔治·沙利文的建议下，当时还在波士顿学院（Boston College）就读金融专业的彼得·林奇暑期到富达公司实习，开始接触投资

---

① 1英里约为1.61公里。

工作。

彼得·林奇第一笔成功的个人投资是买入了一家名为飞虎航空（Flying Tiger Line）的航空货运公司的股票，在股价为 8 美元时买入，80 美元时卖出，这笔投资让彼得·林奇赚得 10 倍收益，使他得以支付在沃顿商学院攻读研究生的学费。对此，彼得·林奇在后来忆苦思甜时调侃是飞虎航空给他发了研究生"奖学金"。

1968 年，彼得·林奇研究生毕业，获得工商管理硕士学位。1969 年，25 岁的彼得·林奇与富达公司再续前缘，入职富达公司旗下的麦哲伦基金（Magellan Fund）研究部，成为一名股票研究员，开启了他的职业投资生涯。

1974 年，由于工作出色，年仅 30 岁的彼得·林奇晋升为研究部主任，成为华尔街最年轻的基金研究主管。1977 年，33 岁的他成为麦哲伦基金的基金经理，正式掌管麦哲伦基金，开启了他的投资传奇。

7.2.2 "不在乎天长地久，只在乎曾经拥有"

"股神"沃伦·巴菲特注重价值投资，对于看好的公司，会长期投资。然而彼得·林奇却不喝这杯"长情之茶"。虽然他也看重股票的价值，但是股票所属公司的长期发展如何，他压根儿不在乎，他在乎的只是股票的价值能否在中短期内就反映在股价上。

沃伦·巴菲特追求的是长期回报，笃信"两情若是久长时，又岂在朝朝暮暮"，而彼得·林奇则希望投资快速见效，追求"不在乎天长地久，只在乎曾经拥有"。在掌管麦哲伦基金的 13 年间，彼得·林奇投资了多达 1400 只股票，年均超过 100 只，这与沃伦·巴菲特的长期持有策略形成鲜明对比。

尽管彼得·林奇不在乎长期持有股票，但是他的投资成绩仍然惊人。从彼得·林奇 1977 年正式掌管麦哲伦基金至 1990 年卸任，该基金的资产规模从 2000 万美元激增至 140 亿美元，拥有超过 100 万名基金投资者。在此期间，麦哲伦基金的平均年化回报率（Average Annual Return）高达 29.2%，如此骄人的"战绩"，业界至今都极为罕见。

7.2.3 彼得·林奇"出奇"的成功之道

彼得·林奇在基金管理方面的成功,与其务实的投资理念密不可分。以下是 3 个关键点。

1. 投资你懂的领域（Invest in what you know）

广东有句俗语,"做生不如做熟",意思是无论找工作、做生意、谈合作,还是投资,做自己熟悉领域的事情比做陌生领域的更好。这与彼得·林奇的投资法则"Invest in what you know"不谋而合。

在日常生活中,电视、广播、报纸、网络等不同的渠道都能给我们带来不同的资讯。对这些资讯进行整理分析,往往能得到不少与投资相关的关键信息。无论从哪种渠道获得信息,都应当选择自己能理解、能懂的,或本身就熟知的领域的内容,比如自己熟知的行业、自己所从事的行业或相关的产业链上下游行业等,再进一步做投资决策,而不是一知半解就做投资决策。简单来说,就是只在自己的有效认知范围内做投资。

2. 投资机会无处不在（Ideas can come from anywhere）

彼得·林奇认为,在研究股票时,最伟大的研究工具就是我们的眼睛和耳朵,眼观六路,耳听八方,在生活中往往能发现不少投资机会。换言之,只要多看多听,投资机会无处不在。事实上,彼得·林奇在与家人逛街、旅行或是与亲友闲谈的过程中,多次发现了投资机会,经过进一步研究之后,他便采取了相应的投资策略。

有一个彼得·林奇从与家人交谈中发掘投资机会的故事。有一次,妻子卡罗琳高兴地告诉他,自己非常喜欢刚刚试穿的一款新产品——蕾格丝（L'eggs）连裤袜。这件事激起了他的兴趣,在深入了解和研究之后,他认定这是一个投资良机。随后,其掌管的麦哲伦基金购入了蕾格丝连裤袜所属公司哈尼斯品牌服装（Hanesbrands Inc.,HBI）的股票,最终获得了高达 6 倍的回报。

从平常逛街、旅行时的所见所闻中都可以嗅到投资的"味道"。这是因为股市中有与衣食住行息息相关的各种公司，如果某种商品或服务吸引了自己或周边消费者的注意与喜爱，那么，对应的行业股票可能潜藏着投资机会。

需要注意的是，彼得·林奇并不主张仅仅因为一家公司生产了自己喜欢的产品或提供了自己感兴趣的服务就买入该公司的股票。相反，他认为应该以此为出发点，进一步了解该公司的市场竞争力、财务状况、发展前景等关键情况，再做出是否投资的决策。

3. 你能做到（You can do it）

彼得·林奇曾说过："Everyone has the brainpower to follow the stock market. If you made it through fifth-grade math, you can do it."这句话的意思是每个人都有在股市顺势而为的智慧，只需具备五年级的数学知识，便能做到。为什么彼得·林奇会这么说？

很多投资者在生活、学习、工作中都表现出色，然而一进股市，就成了"菜鸟"。一些刚入市的新手，甚至对股市投资感到害怕。彼得·林奇要告诉投资者的是，股市并不像他们想象的那么复杂，也不像他们认为的那么难以理解。作为投资者，你并不需要成为征服股市的天才，更不必感到害怕，只要具备基本的数学知识，只要肯动脑子，把在生活、工作中学到的知识和积累的智慧，应用到股市投资中就可以了。

进一步讲，一旦掌握了投资理财相关的必备知识和技巧，无论是在股市、基金市场、债券市场，还是其他金融市场投资理财，都能够更安心、淡定。"心定而慧生"，心态平和有助于做出顺势而为的正确决策，实现自己的预期目标。

7.2.4 "别人笑我太疯癫，我笑他人看不穿"

1930年出生，年过九旬的"股神"沃伦·巴菲特依然笑傲江湖，而出生于1944年的彼得·林奇却早在1990年仅46岁时就隐退于投资江湖。据说关键原因是彼得·林奇想有更多时间陪伴家人，或许这与他早年丧父有一定关系。在他眼中，除了金钱与工作，还有家人与生活、诗与远方。

曾被《时代》杂志评为"全球最佳基金经理"的彼得·林奇并没有执着于功名利

禄，而是在 46 岁就急流勇退，令业界哗然，正如一句诗所说，"别人笑我太疯癫，我笑他人看不穿"。

在隐退之后，彼得·林奇并未就此过上不问世事闲云野鹤般的生活，而是回顾往昔投资生涯，总结自己的投资经验和心得，开启著书模式。其实，早在 1989 年彼得·林奇就与曾担任《财富》杂志编辑的约翰·罗斯柴尔德（John Rothchild）合著了《彼得·林奇的成功投资》（One Up on Wall Street）。该书超级畅销，广受好评。

在隐退之后，彼得·林奇又和约翰·罗斯柴尔德合著了两本超级畅销的投资著作，分别是《战胜华尔街》（Beating the Street）与《彼得·林奇教你理财》（Learn To Earn: A Beginner's Guide To The Basics Of Investing And Business）。彼得·林奇的这三本书都成为经典之作，令业内人士与普通投资者获益良多。在写书之余，彼得·林奇还积极参与慈善事业，继续书写他的传奇人生。

7.3 从名校学霸到"大宗商品投资之王"：吉姆·罗杰斯的赢家秘籍

吉姆·罗杰斯（Jim Rogers），华尔街的传奇人物，曾就读于耶鲁大学与牛津大学两大世界名校，是在全球投资界享有盛誉的大师级人物。他与另一位投资大师乔治·索罗斯（George Soros）合创的"量子基金"（Quantum Fund）曾获得 4200%的惊人收益率，在全球对冲基金领域声名鹊起，成为全球顶级的对冲基金之一。凭借在大宗商品投资方面的成功，吉姆·罗杰斯被誉为"大宗商品投资之王"（King of Commodity Investing）。

7.3.1 从美国的耶鲁大学到英国的牛津大学

1942 年 10 月 19 日，吉姆·罗杰斯出生于美国东海岸马里兰州的海港城市巴尔的摩，他的父亲弗雷德·罗杰斯与兄弟在阿拉巴马州的迪莫波利斯经营一家工厂，因此举家迁至迪莫波利斯。吉姆·罗杰斯也在那里度过了童年。

读高中时，吉姆·罗杰斯成绩优异，学霸特征凸显。他成功获得美国常春藤联盟（Ivy League）名校之一——耶鲁大学的奖学金，并在1960年进入该校，就读于历史专业。

1964年，22岁的吉姆·罗杰斯从耶鲁大学毕业，获得学士学位。随后，他前往英国，在英国名校牛津大学的贝利奥尔学院（Balliol College）攻读第二个学士学位。值得一提的是，英国著名经济学家亚当·斯密（Adam Smith）也毕业于贝利奥尔学院。

1966年，吉姆·罗杰斯在贝利奥尔学院获得被誉为全球最顶尖的人文社科类专业之一——PPE（Philosophy, Politics and Economics，政治、经济与哲学）专业的学士学位。

在耶鲁和牛津大学学习的经历，为吉姆·罗杰斯日后的投资生涯奠定了坚实的知识基础。

7.3.2 从"量子基金"联合创始人到独立投资人

在耶鲁大学就读期间，吉姆·罗杰斯曾在华尔街的Dominick & Dickerman公司做过暑期实习生，初步接触了华尔街和金融市场，这让他对华尔街充满了美好憧憬。

1970年，28岁的吉姆·罗杰斯进入Arnhold and S.Bleichroder投资银行工作，结识了年长他12岁的乔治·索罗斯，并给乔治·索罗斯做了半年助理。这段工作经历为日后两人共同创业奠定了基础。

1973年，31岁的吉姆·罗杰斯与43岁的乔治·索罗斯均从Arnhold and S.Bleichroder离职，两人共同创立了"量子基金"。该基金成为全球首批对冲基金之一。

在两人的共同努力下，量子基金连续10年的年均回报率超过50%。更令人瞩目的是，从1973年到1980年，两人的投资组合的累计回报率达到惊人的4200%，远远超过同期标普 500 指数（其累计回报率为 47%），确立了量子基金在全球对冲基金领域的领先地位。

与此同时，量子基金的成功为吉姆·罗杰斯积累了 1400 万美元的个人财富，这笔财富是他后来成为独立投资人的关键助力之一。1980 年，37 岁的吉姆·罗杰斯从量子基金退出，正式作为独立投资人投资大宗商品与全球股票。在大宗商品投资方面的成就使他被誉为"大宗商品投资之王"。

7.3.3 "读万卷书，不如行万里路"，环球旅行两度被载入《吉尼斯世界纪录大全》

1990 年，吉姆·罗杰斯与女友塔比莎一人一辆宝马摩托车，开始了环球骑行之旅。这次环球之旅历时 22 个月，两人环游了全球 50 多个国家，在陆地上行驶了 105,000 公里，在海上航行、在空中飞行，以及乘坐火车行进了数千公里，此举被载入《吉尼斯世界纪录大全》（Guinness Book of World Records）。吉姆·罗杰斯在其 1994 年出版的著作《投资骑士：与吉姆·罗杰斯环游世界》（Investment Biker: Around the World with Jim Rogers）中记录了此次环球旅行。

1999 年 1 月 1 日，吉姆·罗杰斯与未婚妻佩奇·帕克（Paige Parker）从冰岛出发，开始了第二次环球之旅。这一次他们驾驶的是一辆定制款奔驰车，因此行程更远。两人于 2002 年 1 月 5 日回到纽约，历时 1101 天，一共穿行了 116 个国家，行程达到 245,000 公里。这次环球之旅也被载入《吉尼斯世界纪录大全》。

吉姆·罗杰斯在《冒险资本家：终极投资者的公路之旅》（Adventure Capitalist: The Ultimate Investor's Road Trip）一书中记录了这次环球之旅，"116 个国家"与"行程 245,000 公里"这两个关键数据也一直被放在吉姆·罗杰斯个人网站的显眼位置。

"读万卷书，不如行万里路"，在旅行的过程中，吉姆·罗杰斯也在进行投资的实地考察。他每到一个地方，都会与当地的商人、银行家、投资者和普通民众交流，从中获取了许多无法通过金融网站和财经期刊获得的第一手投资信息。这些交流让他对各国股市的运作模式和投资风格有了更深入的了解，从而做出更明智的投资决策。

同时，这也使他的读者与支持者能更直观地理解不同国家的投资环境。

值得一提的是，在完成两次环球旅行后，吉姆·罗杰斯没有继续环游世界，而是选择定居。2007 年，出于对中国以及亚洲其他市场的长期看好，以及为了提升两个女儿希尔顿·罗杰斯（Hilton Rogers）和碧兰·罗杰斯（Beeland Rogers）的中文水平，吉姆·罗杰斯举家迁至新加坡，并定居下来。

"近水楼台先得月，向阳花木易为春"，新加坡是一个官方语言包括英语与中文的亚洲国家，对热衷于投资中国及亚洲其他市场的吉姆·罗杰斯来说，或许在他搬至新加坡之前已深谙此中的道理。

7.3.4 吉姆·罗杰斯的成功秘诀

据报道，吉姆·罗杰斯在 80 岁时资产净值（Net Worth）已达 3 亿美元。虽然有人认为，如果吉姆·罗杰斯当初继续留在量子基金，会拥有更多的财富，但这并不会改变他作为一位财务自由的亿万富翁和人生赢家的事实。那么，对普通人来说，吉姆·罗杰斯的成功秘诀有哪些值得学习呢？下面总结并归纳了其中的 3 大秘诀。

1. 不打无准备之仗

本书反复强调，在投资理财前，必须掌握相关的知识与技巧。吉姆·罗杰斯同样持有类似的投资信条。他说："You will never get anywhere if you do not do your homework."这句话的意思是，如果没有事先准备，你将一无所获。无论选择何种理财工具，如果事先没有做足功课，对投资缺乏必要的理解，而觉得自己能赚到钱，那么这只是一种愚蠢的幻想。即便因为一时的运气而赚到钱，最终也会由于实力不足而亏回去。

正如毛主席的战略思想所言，"不打无准备之仗"，无论是军事行动还是投资，要想在"战场"中获得胜利，就必须在行动之前做好充分的准备，掌握必要的知识与技能，才能有较大胜算。

因此，吉姆·罗杰斯最重要的成功秘诀便是不打无准备之仗。

2. 君子待时而动

不少投资者，尤其是新手，只要账户里还有资金，总会有进场"买买买"的冲动。这样的举动在金融市场中并不明智。吉姆·罗杰斯曾说："Most successful investors, in fact, do nothing most of the time."这句话的意思是，大多数成功的投资者在大部分时间里都在等待。用中华传统文化来诠释，这就是《易经》中的"君子藏器于身，待时而动"，也即"君子待时而动"。在投资市场中，这意味着当投资机会尚未出现时，应当观望和耐心等待，直到机会出现时再行动。

以股市为例，往往一年之中只有三四个月的时间里有较好的投资机会，只要好好把握这三四个月的时间，尽情投资即可；而在其他时间，则应当观望和耐心等待，等新的机会再度出现时，重新进场。这样才能够更大程度地提升投资的胜率，这也是顺势而为的方式。

3. 投资必须遵循客观规律

谈情说爱必须两情相悦，不能一厢情愿，投资也是如此。吉姆·罗杰斯曾说："I cannot invest the way I want the world to be; I have to invest the way the world is."这句话的意思是，投资必须遵循客观规律，而非主观意愿。换言之，我们在投资时，不能一厢情愿地觉得应该如何做，而应当遵循客观规律。

遵循客观规律才能做到顺势而为，比如在上涨时做多，在下跌时做空，而不是凭着自己的主观意愿，逆势操作。逆势操作很可能导致大额亏损，顺势而为才能实现投资预期，同时愉悦身心。

在投资时，要真正做到遵循客观规律，其前提仍是好好做功课。只有对相应的投资领域有必要的认知与分析，才能了解客观规律，进而依照规律行事。此外，如果投资机会尚未到来，就应当保持观望，待时而动。

总的来说，吉姆·罗杰斯是一位杰出的投资大师，他的成功源于对市场的深刻理解和丰富的经验。此外，吉姆·罗杰斯也是一位热爱生活的旅行家，他将投资所得用于丰富生活，而不是让投资成为生活的主宰。投资是为了获得财富，过上更好的生活，而不是成为财富的奴隶。

7.4 从数学老师到"量化之王": 吉姆·西蒙斯的跨界奥秘

詹姆斯·西蒙斯（James Simons），更广为人知的名字是吉姆·西蒙斯（Jim Simons），是一位享誉世界的数学家，曾在麻省理工学院和哈佛大学这两所世界名校教授数学。在投资界，他更是被尊称为"量化之王"（Quant King）。

7.4.1 吉姆·西蒙斯与数学的不解之缘

1938年4月25日，吉姆·西蒙斯出生于美国东北部马萨诸塞州的牛顿市，与小他6岁的彼得·林奇是同乡。由于父亲马修·西蒙斯在波士顿经营一家鞋厂，因此吉姆·西蒙斯也在波士顿长大。作为鞋厂老板儿子的他，从小就时不时去鞋厂帮忙。

吉姆·西蒙斯小时候对数学就有浓厚的兴趣，并且在同龄人中展现出与众不同的数学天赋，数学成绩特别优秀。后来，他在家乡的麻省理工学院攻读数学专业，并且获得了数学专业的学士与硕士学位。之后，吉姆·西蒙斯前往加利福尼亚州，在公立"常春藤"名校之一的加州大学伯克利分校继续深造，于1961年获得数学博士学位。

完成学业之后，吉姆·西蒙斯开始了他的数学研究与教师生涯。他曾在麻省理工学院和哈佛大学教授数学。1968年，而立之年的吉姆·西蒙斯加入纽约的石溪大学（Stony Brook University），担任数学系主任。正是在这里，他邂逅了同样热爱数学的玛丽莲·霍利斯，后来玛丽莲成为他的妻子。

1976年，38岁的吉姆·西蒙斯因其在微分几何领域的杰出贡献而获得了美国数学学会的"维布伦奖"（Veblen Prize）。该奖项在几何学界享有极高的声誉，被认为是该领域的最高荣誉。

1994 年，出于对数学的热爱，以及为了推进数学和基础科学的前沿研究，西蒙斯夫妇共同创立了西蒙斯基金会（Simons Foundation），由玛丽莲·西蒙斯担任基金会主席。根据石溪大学官方网站在 2023 年 6 月 1 日发布的信息，西蒙斯基金会与西蒙斯国际基金会（Simons Foundation International）联合向石溪大学捐赠了 5 亿美元。这是一笔历史性的巨额资金。

7.4.2　吉姆·西蒙斯的量化投资征程：从学术界到投资界

在教学与学术研究之余，吉姆·西蒙斯在 20 世纪 70 年代开始和同事一起尝试金融投资，嗅觉敏锐的他很快意识到可以运用"模式识别策略"（Pattern Recognition Strategy）的数学模型来分析和预测股票走势。

1978 年，吉姆·西蒙斯辞去大学的教职，创立了一家名为"货币指标"（Monemetrics）的小型对冲基金公司，正式进入投资领域。经过几年的实践，吉姆·西蒙斯更加坚定了运用数学模型和算法来分析和预测金融市场趋势的信念。

1982 年，吉姆·西蒙斯在纽约创立了量化对冲基金公司"文艺复兴科技"（Renaissance Technologies），开启了量化投资征程。与华尔街其他对冲基金公司不同，"文艺复兴科技"有着独特的招聘标准。吉姆·西蒙斯曾表示："We don't hire people from business schools. We don't hire people from Wall Street. We hire people who have done good science."这句话的意思是，我们不从商学院招人，也不从华尔街招人，只招在科学研究方面表现出色的人。基于量化投资的特点，"文艺复兴科技"只招募数学家、计算机工程师等与量化投资模型的构建与应用密切相关的专业人才。

这种独特的策略使文艺复兴科技公司取得了骄人甚至惊人的业绩。从 1988 年到 2018 年的 30 年间，该公司的旗舰基金"大奖章"（Medallion）的平均毛回报率高达 66.1%，在扣除管理费和业绩提成后，投资者的回报率仍有 39.1%，远高于巴菲特掌舵的伯克希尔·哈撒韦（回报率为 19.8%），也高于彼得·林奇掌管的麦哲伦基金（回报率为 29.2%）。惊人的回报率征服了华尔街，使文艺复兴科技公司在全球投资界声名鹊起。这也是吉姆·西蒙斯被誉为"量化之王"的主因之一。

截至 2022 年，文艺复兴科技公司管理的基金规模超过 550 亿美元。吉姆·西蒙斯以 286 亿美元的净资产在"2022 年福布斯全球亿万富豪榜"位居第 48 位。

吉姆·西蒙斯之所以能凭借量化投资取得惊人的成功，得益于他在数学研究方面的深厚造诣。数学是量化投资的基础，量化模型的构建依赖数学运算与分析。吉姆·西蒙斯对数学建模的敏锐洞察力与深刻理解是文艺复兴科技公司量化投资策略的核心驱动力。

对于有数学专业背景的投资者来说，在条件允许的情况下，研究量化模型可能是一个值得尝试的方向。虽然量化投资未必会完全取代传统的投资方式，但是多掌握一项技能总归不是坏事，正如俗语所说，"技多不压身"。

7.4.3 吉姆·西蒙斯的三大启示

对普通投资者来说，许多人缺乏专业的投资理财背景，可以说他们的投资都属于跨界尝试。吉姆·西蒙斯同样也是跨界尝试，那么他有哪些值得我们学习和借鉴的地方呢？下面总结和归纳了以下 3 大启示。

1. 不能凭直觉投资

吉姆·西蒙斯是数学专业出身，因此在做决策时更看重的是客观数据和依据，而不是主观意愿。正如他所言："The best decisions are often made with data and evidence, not just gut feelings."这句话的意思是，最好的决策往往基于数据与依据，而非直觉。简而言之，不能凭直觉投资。

在实践中，有的投资者一时冲动就进场"买买买"，也有的投资者凭直觉，哪只股票看着顺眼就买哪只，诸如此类的方式多半难以投资成功，大幅亏损是常事。因此，无论是做哪种类型的投资，除了掌握相关的知识和技巧，还得加以运用，分析相关的信息与数据，进一步得出客观的决策依据，而不是凭直觉投资。

2. 不强求一直不犯错

"人非圣贤，孰能无过"，在投资市场中，即便是全球顶级的投资大师，也有"打盹"犯错的时候。吉姆·西蒙斯说："Success in investing is not about being right all the time. It's about minimizing losses and maximizing gains."这句话的意思是，投资的成功并不在于要始终正确，而在于最小化损失，同时最大化收益。在投资理财的过程中，"始终正确"固然是我们孜孜以求的目标，但也没有必要执着于此。只要能够保持整体的胜率，实现损失最小化和收益最大化就可以了，不必强求一直不犯错。就好比一支足球队，不一定要求整个赛季的每一场球赛都必须赢，即便有的场次输了，只要积累足够的积分，同样能够获得联赛冠军。

更重要的是，在投资理财的过程中，一时犯错也没必要过于自责。正如《金刚经》所言，"过去心，不可得"，就算是犯错，也已成为过去，不用纠结于已成为过去时的错误。应当向前看，总结经验，吸取教训，避免重蹈覆辙。

3. 与智者同行

古语云"近朱者赤"，这句话在投资理财领域同样适用。吉姆·西蒙斯说："It's important to surround yourself with smart and talented people. Collaboration and diverse perspectives lead to better outcomes."这句话的意思是，与有才华的聪明人合作，通过多元视角，可以取得更好的成果。换言之，投资要做得好，就应当与智者同行。

机构投资者需要团队成员互相配合，而散户投资者则需要与有经验的投资者交流。"一人计短，二人计长"，如果散户投资者长期缺乏必要的交流，投资思维往往容易陷入"死胡同"。因此，与相识的投资高手积极交流或向其请教，自己的投资水平才能得到提升。

综上所述，吉姆·西蒙斯的成功，为没有金融专业背景也没有金融相关从业经验的普通投资者带来宝贵的启示。虽然未必能像他那样成为亿万富豪，但是至少可以通过学习和实践，实现普通人的理财目标，这也未尝不是一件乐事。

7.5 "蓝筹股息女王"杰拉尔丁·韦斯：华尔街的女性传奇

在全球投资界，人们经常听到的几乎都是男性投资大师的名字，例如"股神"沃伦·巴菲特、"全球最佳基金经理"彼得·林奇、投资大师吉姆·罗杰斯、"量化之王"吉姆·西蒙斯等。这里特别介绍一位投资界的女性人物——杰拉尔丁·韦斯（Geraldine Weiss）女士。她是美国著名投资咨询刊物《投资品质趋势》（*Investment Quality Trends*）的创始人，被《洛杉矶时报》誉为"股息贵妇人"（The Grand Dame of Dividends），也被投资界誉为"蓝筹股息女王"（Queen of Blue-Chip Dividends）。杰拉尔丁·韦斯无疑是华尔街的一位传奇女性，也是女性投资者的榜样。

7.5.1 从遭受性别歧视到成为"股息贵妇人"与"蓝筹股息女王"

1926年3月16日，杰拉尔丁·韦斯出生于美国旧金山的一个普通家庭，她的父亲阿尔文·施穆洛维茨是房地产经纪人，母亲西尔维娅是家庭主妇。

1945年，杰拉尔丁·韦斯毕业于加州大学伯克利分校，获得商业与金融学位。在学校期间，本杰明·格雷厄姆的两本经典投资著作《证券分析》（*Security Analysis*）与《聪明的投资者》（*The Intelligent Investor*）激发了杰拉尔丁·韦斯对金融投资的莫大兴趣。不过，在与首任丈夫理查德·韦斯结婚之后，杰拉尔丁·韦斯就过上了相夫教子的平淡生活。

直至1962年，为了改善家庭经济状况，杰拉尔丁·韦斯才开始涉足股票投资。她原本以为凭借金融科班出身能找到一份股票经纪人或分析师的工作。然而，事与愿违，她在求职过程中遭受了性别歧视，意向的公司都不相信女性能在投资领域有所作为，她吃了"闭门羹"。

1966 年，四十不惑的杰拉尔丁·韦斯与弗雷德·惠特莫尔（Fred Whitmore）合作，在加州的圣胡安卡皮斯特拉诺创办了时事通讯期刊《投资品质趋势》，为读者提供投资咨询服务。

杰拉尔丁·韦斯亲力亲为，成为此刊物的主要撰稿人。由于求职时的性别歧视遭遇，以及为避免读者认为女性在投资咨询方面不够专业而影响刊物的发行量，杰拉尔丁·韦斯在发稿时并未署上本名，而是使用了非女性化的笔名"G.韦斯"（G.Weiss）。《投资品质趋势》获得了巨大成功，很快积累了一批忠实读者，他们接受"G.韦斯"的投资建议，获得了可观的收益。随着时间的推移，"G.韦斯"的名字和投资建议赢得了越来越多的支持者，名气日渐增长。

1977 年，51 岁的杰拉尔丁·韦斯受美国公共电视台之邀，参加华尔街著名财经评论员路易斯·鲁凯泽（Louis Rukeyser）主持的王牌节目《华尔街一周》（Wall Street Week）。在节目中，杰拉尔丁·韦斯公开了"G.韦斯"的真实身份，并承认自己便是"G.韦斯"。

虽然这一举动让《投资品质趋势》的读者和订阅用户感到惊讶，但是他们很快意识到，不管"G.韦斯"是男是女，其投资建议确实使他们的投资硕果累累。从此，再也没有人质疑身为女性的杰拉尔丁·韦斯的选股实力。

随后，杰拉尔丁·韦斯的投资建议开始出现在《洛杉矶时报》《华尔街日报》《财富》等知名金融刊物上，她获得了更广泛的认可与赞誉，"股息贵妇人"与"蓝筹股息女王"的美誉便这么产生了。

7.5.2　杰拉尔丁·韦斯的选股模型

杰拉尔丁·韦斯之所以能够赢得投资者的信任，受到金融媒体的认可和赞赏，主要归功于她的行之有效的选股模型。为了让更多人从她的经验中受益，杰拉尔丁·韦斯在 1988 年出版的书《股息不会说谎：挖掘蓝筹股的价值》（*Dividends Don't Lie: Finding Value in Blue-Chip Stocks*）中分享了她的选股模型，主要有以下 7 个标准：

- 收益率超过历史平均股息收益率（Average Dividend Yield）。
- 过去 12 年的股息率必须每年增长 10% 以上。
- 股价在每股账面价值的 2 倍以内。
- 市盈率必须在 20 倍以内。
- 股息支付率（Dividend Payout Ratio）必须在 50% 左右。
- 公司负债低于其市值的 50%。
- 选择财务长期稳健的蓝筹股。

此外，满足杰拉尔丁·韦斯要求的蓝筹股，至少还应满足以下 6 个标准中的 5 个：

- 在过去 12 年中，股息至少增长了 5 倍。
- 标准普尔质量排名（S&P Quality Ranking）在"A"级或以上。
- 至少有 500 万股流通股。
- 至少有 80 家机构投资者持股。
- 至少 25 年不间断地派发年度股息。
- 在过去 12 年中，股票所属公司至少有 7 年的收入是正增长的。

从这些标准中，可以看出她最重视的核心指标是股息率，认为它是衡量一只股票是否值得投资的关键。根据选股模型的标准，杰拉尔丁·韦斯挑选了包括可口可乐、IBM、家乐氏（Kellogg's）、通用汽车等在内的多只被低估的优质蓝筹股，并将其建议发表在早期的《投资品质趋势》中，不少遵循建议的读者都获得了丰厚的回报。

2002 年，在《投资品质趋势》期刊孜孜不倦耕耘了 36 年后，杰拉尔丁·韦斯把指挥棒交给了凯丽·莱特（Kelley Wright）。2022 年 4 月 25 日，96 岁的杰拉尔丁·韦斯寿终正寝。虽然她已离世，但是她的选股模型与对投资界的贡献依然被人们所铭记。对于那些秉持价值投资理念的投资者来说，她的投资哲学具有极高的实用价值，值得深入学习和研究。

第 8 章

理财问答：避免迷迷糊糊理财

8.1 利率一降再降，还有必要继续在银行存钱吗

第 1 章介绍过，银行利息的高低由"利息率"即利率决定，尤其是基准利率。基准利率由央行制定，并对其他银行的存款或贷款利率具有指导性或参照性的作用。央行制定的基准利率并非一成不变。通常，央行会根据货币政策的需要，以及市场利率的情况制定或调整基准利率，例如上调、下调，或维持不变。

一般来说，为了刺激经济增长，央行大多会实施宽松货币政策，而下调基准利率则是宽松货币政策的核心措施之一。当央行下调基准利率之后，其他银行就会根据最新的基准利率相应地下调存款或贷款利率。这样一来，不仅在银行贷款的利息降低，存款的利息也降低了。

近几年，受全球经济增长放缓、经济景气度低等宏观因素的影响，央行采取了降低存款准备金率、下调基准利率、增加逆回购等一系列宽松货币政策。在这种货币宽松的大背景下，市场利率水平普遍较低。商业银行就会根据市场利率的动态变化与商业运营所需而适度调整存款利率。

银行存款利率下降，意味着存款收益率下滑。不少人开始思考是否还有必要继续在银行存钱。我个人认为，尽管银行的存款利率一降再降，在银行存钱仍然有其必要性，以下是 6 个理由。

8.1.1 钱存银行比放家里更安全

在所有金融机构中，银行具有最高的安全性。银行拥有依法建设的金库，用于存放现金、有价证券、重要凭证、金银等贵重物品，具有高规格且严密的安全防护措施。对民众来说，与把现金放在家里相比，显然把钱存入银行会更安全，也更可靠。

8.1.2 银行账户的使用既方便又快捷

在银行开立账户，不仅安全，而且使用起来也相当方便快捷。在银行存钱之后，既可以通过银行网点的柜台或 24 小时 ATM 支取存款，也可以通过网上银行、银行 App 等线上方式实现转账、在线购物，乃至投资理财等日常需求。

拥有银行账户，还可以使用银行卡、数字货币钱包等方式进行日常消费，尤其是购房、购车等大额消费，使用银行卡支付比携带大额现金更方便、更快捷，还省去了查验现钞真假的步骤。

8.1.3 银行账户是移动支付工具的必备媒介

在我国，支付宝、微信钱包等移动支付工具高度普及，非现金化的支付方式也越来越普遍。但是，要使用这类移动支付工具，前提是拥有银行账户。

比如，使用支付宝、微信钱包等移动支付工具时，只有通过银行账户才能往移动支付账户转入资金，这就意味着使用者必须拥有银行账户，并且账户里必须存有相应的资金。

8.1.4 存款越多，贷款额度越高

在现代社会，贷款与融资是民众与企业的常见金融需求。个人在银行的存款越多，则获得更高贷款额度的可能性越大，因为存款水平反映了借款人还本付息的履约能力。如果没有在银行存钱，则在一定程度上会影响个人的贷款额度。

8.1.5 投资理财需要有银行资金托管账户

选择债券、股票、基金、期货、期权等工具进行投资理财，都必须在银行开立资金托管账户。投资者无论是往这些理财工具对应的资金账户转入资金，或是从对应的资金账户转出资金，都必须绑定相应的银行账户作为资金托管账户。所以，只要进行投资理财，就要有银行账户作为资金托管账户，并且必须在银行账户里存钱。

8.1.6　银行存款利息聊胜于无

虽然商业银行活期存款的年利率普遍低至 0.20%，但是聊胜于无。与德国、法国、意大利、西班牙等实行零利率的国家相比，有存款利息总比没有强。与瑞士、日本等实行负利率的国家相比，我们在银行存钱不仅有利息，还不用倒贴手续费，更是强不少。此外，如果资金达到银行大额存单门槛，还可以采用大额存单的方式，收益率比活期存款乃至定期存款都要高。

综上所述，虽然银行存款的利率一降再降，但是仍然很有必要继续在银行存钱。首先，在银行存钱能确保资金安全。其次，拥有银行账户，能够为日常生活带来极大便利。无论是进行日常交易还是支付各类费用，都可以通过银行账户轻松完成。此外，对于需要使用移动支付工具或进行投资理财的人来说，拥有银行账户都是必不可少的前提。同时，如果有贷款需求，有存款就有更大可能获得更高的贷款额度。所以，不管利息高低，在银行存钱依然相当必要。

8.2　刚开始理财，每天定投 50 元基金，有意义吗

每天用 50 元定投基金，这样的定投金额确实不大，有人还会质疑"50 元能起多大作用"。但是，基金定投是一种长期的理财策略，旨在通过长期持续定投实现资金稳健增值。对于理财新手来说，每天定投 50 元基金具有以下几个方面的意义。

8.2.1　培养财务规划意识，养成理性的投资习惯

如果每天定投，投资者就需要提前规划和安排资金，这意味着不仅要认真评估自己的资金状况和投资目标，还要根据自身情况合理配置资金。这样的过程有助于培养良好的财务规划意识，使投资者更理性地管理和规划自己的财务状况。

此外，每天定投基金，需要保持良好的心理状态，不受市场短期波动的干扰，也

不受负面情绪的左右。坚定地执行每天的定投计划，能帮助形成投资理财的纪律性，这种纪律性有助于投资者更好地控制情绪，保持冷静和理性，避免冲动买卖。长期坚持这种投资方式，可以逐渐养成理性的投资习惯，有利于进阶学习其他类型的理财工具，对于个人财务的健康和长远发展具有非常重要的意义。

8.2.2 定投有助于降低行情波动的负面影响

基金市场的波动是不可避免的，通过每天定投可以有效降低市场波动对投资的影响。当基金净值较高时，定投能买入的份额就少一点，而当基金净值较低时，定投能买入的份额又会多一点。长期来看，与"一把梭"式的单次买入相比，定投使投资者能够获得数量更为均衡的基金份额，避免了因选错投资时点而带来的风险。

当基金行情出现大幅波动的时候，投资者的情绪容易深受影响，尤其是那些重仓或满仓持有基金的投资者，往往难以冷静地做出理性的决策。采用定投的方式，即便是之前买入的基金受到行情大幅波动的负面影响而出现浮亏，也能通过后续的定投摊低持仓成本，最终有望扭亏为盈，实现更稳健的资金增值。

8.2.3 小额定投同样能实现积少成多的储蓄效果

我国古代思想家、哲学家荀子说过："不积跬步，无以至千里；不积小流，无以成江海。"简而言之就是积少成多，小额投资也能达到很好的效果。定投立足于长期投资，因此不应该过于纠结单笔投资的金额，而应当更关注长期投资的复利效应。

虽然每天定投 50 元看上去并不多，但是只要坚持下去，1 个月 30 天就投资了 1500 元，1 年 365 天就投资了 18,250 元。5 年后，就投资了 91,250 元。采用每天定投 50 元的方式，坚持 5 年，即便是收益率较低的货币基金，也能因复利效应而获得不俗的收益。

举个例子，假设基金年化收益率仅为 1.50%，在定投 5 年后，91,250 元的本金"雪球"在"利滚利"的复利效应加持之后，"滚"成了 98,302.17 元，也就是获利 7,052.17 元。定投的时间越长，本金"雪球"也会越"滚"越大。

对刚开始理财的新手或初入职场的工薪阶层等非高收入人群来说，通过每天定投 50 元货币基金，5 年之后能积累一笔将近 10 万元的"理财金"。而每天多消费 50 元，到头来只能是"两手空空"的"月光族"。因此，小额定投同样能实现积少成多的储蓄效果，不要小看每天定投 50 元所能带来的积极变化。

此外，如果在基金行情向好时定投指数基金，相对而言，获利的潜力空间会比货币基金大不少，也就是说获利的金额会更大。当然，如果基金行情较差，定投指数基金则有本金亏损的风险。因此，在基金行情不明朗或趋势较弱的时候，对于刚接触理财的新手来说，建议以定投具有"类储蓄"特性的货币基金为主，在积累更多经验之后，再尝试债券基金、指数基金等其他类型基金的定投。

总的来说，基金定投是一种相对稳健的长期理财策略。既能培养财务规划意识，养成理性的投资习惯，还能有效减少行情波动对投资的负面影响。此外，即便是小额资金的定投，也能实现积少成多的储蓄效果。只要能够长期坚持，就算每天定投 50 元也有非常积极的意义，也能带来意想不到的成果。

8.3 买了 20 万元基金，却遇到净值大跌，本金会全部亏完吗

越来越广泛的人群加入基金理财的行列，尤其是 2020 年，基金行情火热，基金投资的热度高企。相信不少朋友还记得，当时身边的亲友、同学、同事，乃至左邻右里，都在讨论基金或准备入市买基金，或已经购买了基金。

不可否认，有不少投资者通过基金理财赚取了丰厚回报。然而，也有很多投资者无奈亏钱，特别是 2021 年才入市买基金的投资者，满怀期待入市，却遭遇了"竹篮打水一场空"的"骨感"现实。

第 8 章

理财问答：避免迷迷糊糊理财

虽然基金的投资风险低于股票、期货和期权，但仍是有风险的理财工具。既然有风险，就不可能稳赚不赔。那么，如果买了 20 万元基金，却遇到净值大跌，会把本金全部亏掉吗？

本书前面的章节讲过，基金净值是衡量基金价值的核心指标之一，类似于股价。股价代表的每一股股票的单价，而基金净值代表的则是每一份基金份额的单价。基金在发行时均以 1.0000 元作为发行净值。当一只基金的净值低于 1.0000 元时，就说明这只基金"破发"了，对在发行期参与认购且仍持有此基金的投资者来说，就意味着浮亏；反之，当基金净值高于 1.0000 元时，对这些投资者来说，则意味着浮盈。

我们来探讨一下基金在什么情况下会出现净值大跌。通常，净值大跌主要出现在指数基金、混合基金和股票基金中。

以指数基金为例，如果是跟踪沪深 300 等指数的指数基金，净值的大跌与股市大盘指数的下跌密切相关；如果是医药 ETF、酒 ETF、消费 ETF 等行业指数基金，净值大跌则与相关行业股票的下跌密切相关。

对于混合基金或股票基金来说，净值大跌与基金持有的债券与股票的表现关系密切。当基金持仓的股票普遍大跌时，其净值就会受到影响而大跌。

而且，基金净值大跌一般会导致基金投资者的持仓资金出现大幅回撤。那么，在这种情况下，本金是否会全部亏掉呢？

如果只是单日或短暂的净值大跌，几乎不太可能出现一夜之间把本金都亏完的情形。即便基金净值持续下跌，累计跌幅可能会超过 60%，甚至超过 70%，但在现实中还没出现过累计跌幅达到 100% 的极端情形。

如果持仓的基金是浮盈状态，净值大跌可能只是减少了账面浮盈的幅度，而不会出现亏损。

举个例子，假设阿珍持仓 A 基金，浮盈的幅度是 30%，某日这只基金净值下跌了 7%，对阿珍来说，还剩下 23% 的浮盈。进一步讲，假设浮盈的幅度小于净值大跌的幅度，那就从浮盈转为浮亏了，但即使是这样的情况，也不会导致本金全部亏完。

尽管投资基金基本不会出现亏完本金的极端情况，但是基金净值大跌对基金投资者来说仍然是一件令人烦恼的事情，自然希望能够尽量避免。从根本上讲，要避免基金净值大跌而导致浮亏，投资者仍必须从自己做起。简单来说，在基金行情疲软的时候，尽量保持空仓状态，即便要进场，也采取小仓位定投的方式，而非重仓或盲目跟风购买。

如果基金行情趋势向好，那么出现基金净值大跌则不必过于担忧，因为只要长期趋势向好，短期回撤并不会影响后市行情走高。

话说回来，如果投资者买入一只基金后出现浮亏，然后卖出，这时浮亏就转化为实际亏损，如果心有不甘继续又买入另一只基金，再次遭遇浮亏，然后再次卖出，就又造成实际亏损……如果这种令人沮丧的情况不断重演，无论本金是 20 万元还是更多，都很难不会亏完。

综上所述，基金净值大跌而导致投资者把本金全部亏完，这种事情发生的概率极低。不过，要是没有做好合理的基金配置，则有可能会遭遇较大的本金亏损。需要强调的是，这里所说的基金均特指公募基金，而不是私募股权基金，因为在所投项目失败等极端负面情况下，私募股权基金存在本金难以回收的风险。

8.4 为什么有些公司业绩优秀，股价却不涨

在股市中，有时我们会看到一些业绩不怎么样甚至亏损的公司，股价快速上涨；而一些业绩好的公司，股价却如一潭死水，基本不怎么涨。这是为什么呢？

诚然，股票的价格与所属上市公司的业绩有密切关系，但股价的涨跌并非只受公司业绩的影响。换言之，不是业绩好，股价就一定上涨，还得看其他影响因素能否产生"共振"推动股价上涨。

从宏观层面来看，股价涨跌会受股市整体行情的影响，也会受到股票所处的行业板块及题材概念的影响。从微观层面来看，投资者对股票的预期以及股票的交投情况也对股价的涨跌产生影响。简而言之，股价涨跌是多方面因素综合影响的结果，主要有以下四个方面。

8.4.1 股市整体行情

在股市交易中，我们经常听到"今天大盘涨了"或者"今天大盘跌了"等表述。这里说的"大盘"指的是股市大盘，也称为"大市"，简单来说，就是股市整体的行情。

常言道，"股市是经济的晴雨表"。一般来说，宏观经济景气度低，股市整体行情就会偏弱。在股市整体行情呈现下跌趋势时，大多数股票的价格都会跟随大市的下跌而下跌，就算是各大行业板块的绩优龙头股，也难以凭借优秀的业绩而"独善其身"。换言之，当股市整体行情趋势向下时，股票价格普遍处于下跌状态。优秀业绩对股价的提振作用，在大市下跌的背景下，犹如杯水车薪，往往显得微不足道。

8.4.2 股票所属行业板块及题材概念

股市中有不同的行业板块与题材概念，不同的行业板块受到不同驱动力的影响。例如，宏观经济向好，对顺周期行业的股票来说就是利好，而逆周期行业的股票则会承压。

宏观经济景气度高，则消费者的消费意愿强，对于家用电器、食品饮料等大消费行业来说，就有提振作用；反之，宏观经济景气度低，消费者的消费意愿就会减弱，这些大消费行业就会面临压力。因此，在宏观经济疲软时，大消费行业的股票通常表现都比较疲软。另外，由于行业板块之间具有联动效应，即便绩优股或龙头股，也可能会由于整个行业板块低迷而表现平平。

题材概念炒作可以说是股市中最吸引投资者眼球的一种现象。这是因为题材概念炒作好比"牛股梦工厂",往往能在短期内打造出涨幅惊人、成为市场亮点的"题材牛股"。但是,题材概念炒作是短期现象,一旦炒作结束,就算是价格被炒上天的股票也会轰然坠落,出现"疑似银河落九天"的下跌"惨景",而且同一题材概念的其他股票也会受影响而下跌,公司业绩再好也难以成为股价的"护身符"。

8.4.3 投资者对股票的预期

通常,股票的业绩体现在相应上市公司的财报(即财务报表)之上。然而,财报反映的是过去的业绩情况,比如年报反映的是上一年的业绩情况,季报反映的是上一季度的业绩情况,而股市投资者关注的是未来的业绩。因此,如果一家公司虽然业绩好,但其股价却不上涨,往往是因为市场对该公司的发展持谨慎态度。换言之,市场对这只股票的未来表现并不看好。

举个例子,过去 3 年,A 股票所属公司的业绩都很好,每年都盈利,而且盈利逐年都增长。然而,从 2023 年开始,A 股票所属公司所在行业的景气度骤降,公司赖以生存的业务订单大幅减少。这就意味着,这家公司 2023 年乃至未来几年的业绩都会遭受负面影响,包括盈利减少、增长减缓,甚至出现亏损等不利情况。因此,市场对 A 股票的预期变得悲观。持有该股票的投资者就可能会有卖出动作,未买入的投资者得知情况后也会保持观望态度。由于缺乏买入资金的提振,A 股票的价格就会难以上涨。

此外,公司经营出现负面影响,比如管理层异常变动等,同样会影响投资者对股票的预期,进而影响股价上涨。因此,不能仅关注股票所属公司已有的业绩,应当更重视其未来的发展。

8.4.4 股票交投情况

股价的上涨往往是资金涌入的结果。假设一只股票受投资者青睐,交投活跃,买方购入意愿强烈，资金持续流入，股价自然"水涨船高"；反之，如果投资者兴趣不高，交投低迷，买方购入意愿冷淡，那么即便这只股票所属公司的业绩很好，股价也很难上涨。

更进一步地说，股票无人问津都是有原因的。一般来说，都是缺乏让投资者进场买入的理由，要么是公司基本面确实一般，要么是业绩不佳，要么是缺乏可炒作的题材概念，不能吸引资金。在特定周期内，股票缺乏投资亮点，自然就不会有投资者愿意奉上满腔的热情。换言之，在未来某个时间点，一旦有吸引投资者的亮点，投资者便会蜂拥而至，从而驱动股价上涨。

综上所述，股票的涨跌并非仅由业绩因素决定，而是受到大市行情、行业或概念热度、投资者预期、股票交投情况等多种因素的综合影响。因此，如果意向的股票或持有的股票出现公司业绩好而价格不涨的情况，可以从上述方面进行分析与甄别，以便制定更适宜的应对策略。

8.5 不想上班，用 100 万元存款专职炒股，可行吗

在众多理财途径中，炒股是许多投资者最主要的选择。不少人希望通过炒股来实现理财预期，甚至实现财务自由。这样的想法无可厚非。那么，如果有 100 万元存款，用这笔钱专职炒股，这种做法是否可行呢？在我看来，必须综合考虑以下三个方面进行评估。

8.5.1 炒股所得并非稳定收入

每一位进入股市的投资者在开立证券账户时，都会被告诫"股市有风险，投资需谨慎"。确实，股市投资具有不确定性，行情并非只涨不跌，涨的时候，炒股能赚到钱，甚至能赚大钱；但跌的时候，赚钱则是小概率事件，极有可能亏钱。这就意味着

炒股所得并非稳定的收入来源，而是起起伏伏，有赚有亏。因此，如果没有其他稳定的收入来保障生活，全靠100万元存款专职炒股，试图以此作为维持生活的唯一手段，这显然是不现实的。

如果除了100万元存款，还有其他稳定的收入，吃喝不忧，住行不愁，就算不上班而专职炒股也不会对生活有一星半点的影响，那么专职炒股的前提条件就相对成熟。

8.5.2　专职炒股应具备必要的知识和技能

日常生活中的许多事情都需要具备相应的知识与技巧。就算是到菜市场买菜，面对不同产地、种类、品相和口感的各种蔬菜，要挑对、买好，也不是那么简单。

炒股更是如此，看似只是简单的一买一卖，实则涉及投资者在宏观经济、行业趋势、公司基本面、交投情况等方面的知识储备与判断能力，要适时地买入卖出并不容易。

俗话说"没有金刚钻，别揽瓷器活"，如果并不具备炒股所需的基本知识与技能，别说专职炒股，就是边上班边炒股也可能亏得一塌糊涂。但如果已经掌握了必要的知识与技能，拥有丰富的炒股经验，并且还有自己的一套行之有效的炒股策略，即使在股市行情疲软时也能获得预期的收益，那么在这种拥有"金刚钻"的情况下，专职炒股是完全可行的。

8.5.3　专职炒股须有过人的心理素质、过硬的执行纪律

炒股不仅仅是一系列股票交易行为，更是一场心理博弈。想要在股市中长期获利，除了有资金，具备必要的知识和技巧，还必须有过人的心理素质和过硬的执行纪律。"知行合一"才能在心理博弈中取胜。

股市的波动性意味着风险无处不在。在这样的环境下，拥有过人的心理素质显得尤为重要。也就是说，当股市行情大起大落时，保持冷静和理性，不被恐慌或贪婪的

第8章
理财问答：避免迷迷糊糊理财

情绪所左右而手足无措；当出现预期之外的短期亏损时，保持头脑清醒，不因为懊悔与愤怒而追涨杀跌。

同时，具有过硬的执行纪律也很重要。也就是说，当账面的浮盈达到止盈目标时，就果断止盈，不会因为贪婪而错过止盈良机；当账面的浮亏触及止损底线时，就果断止损，不会因为不甘而犹豫，导致错失止损机会。

不少投资者在理财知识与技巧方面"学富五车"，却始终没能实现投资预期，大多是因为缺少过人的心理素质和过硬的执行纪律。换言之，"知却未行"，未能实现"知行合一"，自然就难以实现投资预期。

因此，在考虑专职炒股之前，最好沉下心，先好好"扫描"一下自己，评估自己是否具备过人的心理素质和过硬的执行纪律，或者能否在炒股的过程中培养这些素质和纪律性。如果得到肯定答案，那么遵从内心的意愿，勇往直前便可；反之，如果内心尚有疑虑，那么不妨仍然业余炒股，继续锤炼自己，等有了更充分的准备和信心，再考虑专职炒股也不迟。

综上所述，能否用100万元存款来专职炒股，关键在于自身是否符合专职炒股的条件。如果已符合或者能够符合，那么不用纠结也不用犹豫，随顺内心，付诸行动便好。反之，如果不符合，则多给自己些时间，也多一些耐心，待自己的有效认知有了成长与提升之后，再重新思考是否要专职炒股，以及如何开启专职炒股的征程。不用急于一时。简单来说，就是四个字——事缓则圆。

后记

衷心感谢各位读者朋友，能在茫茫人海之中与您结缘，是我莫大的荣幸。在阅读本书过程中如有不解或疑问，或希望进一步交流和探讨，可通过今日头条、百度、抖音、微博、微信公众号等平台的"杰克侃财"账号与我联系，发送邮件至81647909@qq.com 亦可。

在此，再次感谢大家的阅读与支持。祝各位投资顺利，平安健康，阖家幸福，富足喜乐，六时吉祥！

反侵权盗版声明

电子工业出版社依法对本作品享有专有出版权。任何未经权利人书面许可，复制、销售或通过信息网络传播本作品的行为；歪曲、篡改、剽窃本作品的行为，均违反《中华人民共和国著作权法》，其行为人应承担相应的民事责任和行政责任，构成犯罪的，将被依法追究刑事责任。

为了维护市场秩序，保护权利人的合法权益，我社将依法查处和打击侵权盗版的单位和个人。欢迎社会各界人士积极举报侵权盗版行为，本社将奖励举报有功人员，并保证举报人的信息不被泄露。

举报电话：（010）88254396；（010）88258888
传　　真：（010）88254397
E-mail：　dbqq@phei.com.cn
通信地址：北京市万寿路173信箱
　　　　　电子工业出版社总编办公室
邮　　编：100036